平等主義基本論文集

EQUALITY: Basic Readings

平　等　主　義　基　本　論　文　集

広瀬巌 編・監訳

"Reply to Alexander and Musgrave"
John Rawls
ロールズ（格差原理）

"Equality and Equal Opportunity for Welfare"
R. J. Arneson
アーネソン（運平等主義）

"What Is the Point of Equality?"
E. S. Anderson
アンダーソン（民主的平等）

"Equality or Priority?"
Derek Parfit
パーフィット（優先主義）

"Equality, Priority, and Compassion"
Roger Crisp
クリスプ（十分主義）

keiso shobo

平等主義基本論文集　目次

凡例

・原論文における強調のためのイタリックは傍点で示した。ただし、第5章は**ゴシック体**とした箇所がある。
・〔　〕は訳者による補足説明である。
・引用文は邦訳のあるものは適宜参照しつつ訳出した。

第1章　アレクサンダーとマスグレイヴへの返答

ジョン・ロールズ
石田京子訳

アレクサンダーとマスグレイヴの論文は、『正義論』で示されている見解について、多くの根本的な論点を提出しており、それらの論点は、私が本論文で考察できることよりも実際ははるかに多い。たとえできたとしても、彼らの批判を一つずつ論じることは、もっとも有用な進め方とは言い難いと考える。というのも、私が思うに、後で必要となるある基本的事柄を説明することこそが、まず必要だからである。それゆえ、公正としての正義（その理論については後述する）の概略を描きだすことから始め、その概略をやや別のよりはっきりした視点で提示しよう。これを終えたあとで、アレクサンダーとマスグレイヴのもっとも重要な異論と私が思うもののいくつかを取り上げたい。

1　秩序ある社会という概念

正義論の目的は、社会形態の正不正についての私たちの熟慮された判断を明確にし、整理することである。したがって、これらの判断に関するどのような説明も、それが完全なかたちで提示されるのであれば、人間社会の基礎的構想、つまり人格の構想、諸人格の関係の構想、社会的協働の一般的構造と目的の構想を表す。ところで、そのような構想は、かなり少ないように思われる。そして、これらの構想どうしははっきりと異なっているので、それらの構想から一つを選択するのは、まったく異種のもののなかからの選択となる。ある構想から別の構想へ徐々に至るためにそれらの構想の基本的特徴をひっきりなしに変えたりすることはできない。したがって、正義論を定式化するためには、具体的ではあるがなお抽象的なかたちで、その基礎的構想を明らかにしなければならない。公正としての正義（justice as fairness）は、この目的を果たすために、十分に考えるなら人がそのなかで暮らして自分たちの関心と性格を形作るのを望むと思われるどの社会にも備わっているような一般的特徴をまとめるのである。秩序ある社会（well-ordered society）という概念は、その帰結である。秩序ある社会は、そのような一般的特徴をはっきりと体現しており、原初状態（original position）を描写する方法を示すが、その方法は次節で紹介する。まずは、秩序ある社会の特徴を列挙する。[*1]

第一に、秩序ある社会は、正義の公共的構想（public conception of justice）によって効果的に統制されている社会と定義される。つまり、秩序ある社会は、次のことが生じる社会である。

(1) すべての人が正義の同一の原理（同一の構想）を受け入れ、他の人々がこれらを受け入れていることを知っている。

(2) 基礎的な社会制度と、一つの枠組へとまとめられたそれらの制度の配置（社会の基礎構造）は、これらの原理を満たしており、そして満たしているとすべての人によって無理なく信じられている。

(3) 正義の公共的構想は、一般に受け入れている探求方法によって確立された、理にかなった信念に基づいている。

第二に、秩序ある社会の成員は、自由で平等な道徳的人格であり、自分たち自身をそう見ていると想定されている。もっと明確にするなら、秩序ある社会の成員は、次のように描写されうる。

(4) 各成員は、普通に効果的な正義感覚(その内容は公共的構想の諸原理によって定義される)をもっており、自分たちをそう見ている。(公共的構想に基づいて行為しようとする欲求が、行為の大部分を規定する)。

---

* 論文を執筆したS・S・アレクサンダー(S. S. Alexander)とR・A・マスグレイヴ(R. A. Musgrave)に、そして返答の機会を与えてくれた本誌の編集者に感謝申し上げたい。私は、論文の大幅な改善を可能にしたロバード・クーター(Robert Cooter)のアドヴァイスとコメント、第6節の論証についてのアリエル・ペイクス(Ariel Pakes)との討論に多くを負っている。第6節で私は、論証の想定を明確にするためにペイクスの提案のいくつかを採用した。かなりの修正、とくに第1節での修正に関して、バートン・ドレーベン(Burton Dreben)に多くを負っている。

*1 秩序ある社会という概念の解明からはじめることの利点について、私は、以下の文献でのロナルド・ドゥオーキン(Ronald Dworkin)の議論から示唆を受けた。"The Original Position," *Chicago Law Review*, XL (1973), esp. 519-23.

(5)　各成員は、基本的目的と関心（自らの善についての構想）をもっており、自分たちをそう見ている。自分たちの制度を設計するときに、これらの基本的目標と関心を名目にして主張しあうことは、正当である。

(6)　各成員は、自分たちの社会の基礎構造を統制するための原理を決定するときに等しく尊重され考慮される権利をもち、自分たち自身をそう見ている。

加えて、秩序ある社会は、その正義構想に関して安定的だと言われる。つまり、秩序ある社会を継続的な事業とみなすと、その成員は成長に従って、十分に強力で効果的な正義感覚を獲得する。その正義感覚は通常、社会生活の誘惑とストレスを凌駕する。したがって、

(7)　基礎的な社会制度は、効果的な正義感覚を生み出す。

私たちは正義論に関心があるので、私たちの注意を、何らかの正義構想を必要とする状況下で存立する秩序ある社会に限定し、その特有の役割を指摘しよう。自然資源と先端技術は、社会的協働を可能にも必然的にもするものであると想定され、相互に有利であるような配置は、実際に実行可能である。それにもかかわらず、自然資源と先端技術とがもたらす利益は、人々の需要を満たすには足りない。したがって、

(8) 適度な希少性の条件が存在する。

だがまた私たちは、人々およびその集団が、彼らを相反する方向へ導き、相互に主張し反論する善構想をもっていると想定する（先の条件(5)を見よ）。さらに、人々は相反する基本的な（宗教的、哲学的、そして道徳的）信念と、多くの重大な事柄における証拠と議論を評価するさまざまな手法をもっている。したがって、

(9) 基本的関心と目的には相違があり、相反し両立不可能な基本的信念が多様に存在する。

社会制度の有益さについて、秩序ある社会の配置は生産的である、と私たちは想定している。その配置は、言うなれば、一方の人（または集団）の利益が他方の人の損失であるようなゼロサムゲームではない。したがって、

(10) 基本的制度の枠組は、共通の善をめざす社会的協働の、多かれ少かれ自足的で生産的な枠組である。

このような正義の状況（条件(8)—(10)）を考慮するなら、正義の役割と主題を描き出すことができる。秩序ある社会の成員たちは、その基本的目的と信念の多くが対立関係にあるため、自分たちの協働によ

って生み出されるより多くの財がどのように分配されるかに関して、無関心ではない。したがって、利益のこの分割を方向づける社会的な配置のどれがよいのかを裁定するために、一組の原理が要求される。私たちはこれを、次のように表現する。

⑾ 正義原理（公共的構想）の役割は、社会の基礎構造のなかで権利と義務を割り当て、制度が利益と負担の分配全体に影響を与えるのにふさわしい方法を明確にすることである。

最後に、以下の条件を付け加えよう。

⑿ 秩序ある社会の成員は、社会の基礎構造（つまり、基礎的な社会制度と、それらを一つの枠組にまとめて配置したもの）を、正義の第一の主題とみなす。（正義原理はまず、社会の基礎構造に適用される）。

したがって、社会的正義の諸原理は、マクロな原理〔社会や経済の基本構造を規定する原理〕であり、かならずしもミクロな原理〔個別具体的な政策の基本的な考え〕というわけではないのである。

諸条件をこのように列挙することは、正義の状況のもとでの秩序ある社会という概念がきわめて複雑であることを示す。さまざまな条件が一まとめになるのを観察することが役立つかもしれない。すなわち、条件⑴—⑺は、秩序ある社会という概念を明確にする。⑴と⑵、⑶は、公示性（publicity）を特徴づける。(4)と(5)、(6)は、自由で平等な道徳的人格という観念を詳述する。そして(7)の安定性は、リストのこれまでの部分を締めくくる。(8)と(9)、(10)という条件は、正義の状況を特徴づける。このことは、正義論にとって適切な仕方で、関連する主張の種類を制限する。そして、(11)と(12)は、正義の役割と主題を記述する。

秩序ある社会という概念は、正当な社会の一般的構造についての形式的で抽象的な構想を表すが、それは、価格理論における一般均衡という概念が、経済全体のなかでの市場の構造を叙述するのと同じである。だが、一般均衡の理論との類推は、節度をもって使用されなければならない。さもなければ、そのことにより私たちは正義論の性質に関してミスリードされかねない。詳しく述べよう。秩序ある社会の成員たちの関係は、競争的な市場における買い手と売り手の関係と同じではない。より近い類推は、宗教的、民族的、あるいは文化的な系統に沿って分かれているような多元主義的な社会を考えることである。この社会では、さまざまな集団や団体が、政治的制度を制御し、社会の基礎構造を統制するための一連の原理について、合意に達するよう努めてきた。この枠組についての公共的な合意が存在し、市民たちがその枠組に愛着をもっているにもかかわらず、市民たちは、他のことについて重大な相違を有する。自らの主義主張を強調しようとする市民たちの傾向性が、互いに対する警戒心を必然的なものにする一方、市民たちの正義の公共的構想とその是認は、市民たちの確固たる連帯を可能にする。秩序ある社会という概念を、競争経済という観念の延長としてとらえるよりも、宗教的寛容という観念の延長として考えるほうが、はるかに優れている。

明らかに、秩序ある社会という概念の価値、それに基づく推論の力が想定しているのは、一見相容れない正義構想を抱いているように思われる人々でさえ(1)から(7)までの条件が自分たちの道徳的確信に合致すると思うだろう、もしくは少なくとも熟考すればそう思うだろうこと、これである。そうでなければ、異なる正義原理からどれかを採択するときにこれらの条件に訴えることには、何の意味もないであろう。だが、これらの条件は（なんであれ）道徳的に中立ではなく、もちろんささいなものではないことを認識すべきである。秩序ある社会という概念に親近感を感じず、基礎構想を別のかたちで明確化したい人たちは、（たとえこの概念の論拠の妥当性を認めたとしても）公正としての正義によって動かされたりはしないだろう。もちろん、その概念が正義についての自分たちの判断を体系化するよりよい方法であることが証明されるなら別だが。

2　原初状態の役割

原初状態という観念は、次のようなかたちで生じる。次の問いを考えてみよう。どの正義構想が、秩序ある社会にとってもっとも適切か。つまり、どのような構想が先述の諸条件にもっともよく一致するのか。もちろん、これはばくぜんとした問いである。道徳哲学の伝統から引き出されたいくつかの代表的な構想のうちで、どれがもっとも適したものなのかを問うことによって、先の問いをはっきりとさせることができる。では、ただいくつかの構想（たとえば、直観主義の一種や功利主義の一種、そしてその他の正義原理のいくつか）のなかから選択しなければならない、と想定してみよう。公正としての正義は、秩序ある社会にもっとも適した特定の構想が、ある仮説的な状況において全員一致で承認される構想である、と考える。その仮説的な状況は、自由で平等な道徳的人格として、つまり、そのような社会の成員として考えられる諸個人のあいだで公正であるような状況である。あるいは、社会にとってもっとも適切な構想とは、その社会に特徴的な人々が、他の人との関係で公正に位置づけられていれば採用する構想のことである。この仮説的な状況が、原初状態である。合意に達する状況の公正さは、合意されるであろう原理の公正さへと移転する。そして、これらの原理が正義原理として使用されるので、「公正としての正義」という名称は、自然に思われるのである。

原初状態において、当事者たちは、自然科学と社会理論によって提供される一般的情報を持っていると想定される。このことは、第1節の条件(3)を満たす。だが、原初状態を、自由で平等な道徳的人格とみなされる諸個人のあいだで公正なものと定義するために、その当事者は一定の道徳的に無関係とされる情報をはく奪されている、と私たちは想像する。たとえば、当事者たちは、社会における自分たちの地位や、階級上の地位、社会的身分、与えられた才能や能力の分配における運のよさ、重大な目的や関心、あるいは最後に、特定の心理的性質を知らない。そして、世代間の公正を保証するために、当事者たちがどの世代に属しているかを知らないということを、付記しなければならない。したがって、自然資源や生産技術のレベルなどについての情報もまた、当事者たちには禁じられている。この知識を除外することは、原理を採択するときに自然的偶然や社会の偶発性によって誰も有利になったり不利になったりしてはならないのだとしたら、必要である。全員が同じように位置づけられ、当事者たちが自分たち固有の状況にとって有利な原理をどのように立てるのか知らないので、各人は同じように推論するだろう。拘束力のある投票は必要なく、達成される合意はどれも全員一致である。（したがって、原初状態にいることは、社会のなかにいることとつねに対比させられるべきである）。

原初状態の記述は、次の二つの条件を満たさなければならない。まず、原初状態は公正な状況でなくてはならず、第二に、当事者たちは、秩序ある社会の成員とみなされなくてはならない。したがって、この記述には、公正という概念から引き出される要素が含まれる。たとえば、当事者たちは対称的に位置づけられ、無知のヴェールのもとにいなくてはならない。この記述にはまた、秩序ある社会における人格の性質や関係から引き出される特徴が、含まれていなければならない。つまり、当事者たちは自らを、最終的な目的や関心をもっているとみなしており、その目的や関心を相互に要求しあうことは正当と考えている。そして、当事者たちは、正義の公共的構想として使用されるべきものを採択し、したがって、原理をその公示性の効果によってある程度査定しなくてはならない。当事者たちは、安定性をもチェックしなくてはならない。原初状態の記述の各部分が正当な系図をもつかぎり、あるいは私たちが一定の諸条件を、その含意を考慮して受け入れることができるかぎり、すべては適切なのである。

原初状態の記述の目的は、公正の観念を、秩序ある社会という概念によって表現される形式的な条件と、一つの構想のなかへとまとめることであり、そして、いくつかの正義原理から一つを私たちが選択する助けになるようにこの構想を使用することである。先の説明の際立った特徴は、秩序ある社会における正義原理の内容についてそれほど具体的なことが述べられていない、ということである。私たちはただ、かなり形式的で抽象的な条件を結びつけただけである。これらの条件は、ある独特な正義構想を、明瞭に規定するかもしれない。原初状態の制約は許容されうる構想の種類の幅を狭めるだけである、ということのほうがありうる。だが、表向きはもっともらしいいくつかの道徳的構想が除外されることになるなら、このことはなお重要である。

最後に、原初状態が仮説的であることには、何の問題もない。先述の条件との関連で推論することだけで、原初状態にいることをシミュレーションできる。もし私たちが、これらの制約によって表示される価値を受け入れ、したがって、秩序ある社会という概念や公正の観念などのうちに現れる形式的価値を受け入れるなら、そのことから帰結する、正義構想の制限を受け入れ、除外される諸原理を拒絶しなくてはならない。道徳的思想のより形式的で抽象的な諸要素を統合して、それらの諸要素が一般性の低い問題に対応できるようにしようとする試みは、カント的な理論の特徴である。

3　第一の比較——正義の二原理と功利性の原理

原初状態において、どのような構想が選択できるのか。当事者たちは可能なかぎりのすべての正義構想から一つを決定しなければならない、という一般的な主張は避けなくてはならない。なぜなら、この種の主張を有益な方法で明確化することは、できないからである。原初状態を特徴づける諸条件が結びつけられたときの効力を直観的に理解しようとするなら、私たちは大幅に単純化する必要がある。したがって、当事者たちは、道徳哲学の伝統から引き出された構想についての短いリストから選択することになる、と私たちは想像する。実際、私はここでは、一つの比較しか議論しない。このことをすることは、考えをはっきりさせるのに役立ち、あとで必要とされるいくつかの点に私がふれることができるようにしてくれる。

さて、契約論の一つの目的は、功利主義より優れていて、民主主義にとってのより適切な基盤であるような、正義の説明を示すことであった。したがって、(α)(古典的な意味で解釈された)平均効用が最大化されるべきであるという原理によって定義される構想と、(β)いわば正義の民主主義的観念を見たところで表示する二つの原理によって定義される構想のどちらかを選択することを想像してみよう。後者における二原理は次のようなものである。

1　各人格は、平等な基本的自由のもっとも広範な枠組に対する平等な権利を有する。その枠組は、すべての人にとっての自由の同様な枠組と両立できるものでなくてはならない。

2　社会的・経済的不平等は、次の二つの条件を満たさなければならない。すなわち、社会的・経済的不平等は、(a)もっとも不遇な人にとっての最大の期待利益でなくてはならない(マキシミン基準)。そして、(b)公正な機会均等の条件のもとですべての人に開かれた職務と地位に伴うものでなくてはならない。

これらの原理のうち、第一原理は、第二原理に優先する。そして、もっとも不遇な人の利益を測る尺度は、社会的基本財(social primary goods)の指標に拠っている。この指標を私はおおまかに、権利や自由、機会、所得と富、そして自尊心の社会的基盤と定めておこう。それらは、諸個人が他にどのようなものを欲しようとも、諸個人の最終的な目的が何であろうとも、欲すると推測されるものである。そして当事者は、この想定について合意に達しなければならない。(基本財については後述する)。私は、すべての人が、特別なヘルスケアの問題が生じさせないようにするための、普通の身体的なニーズをもっている、とも想定している。

(α)と(β)というこれら二つの構想のうち、どちらが合意をえられるかは、もちろん、原初状態にいる人々がどのようにみなされるかに左右される。先に定義したとおり、人々は自由な道徳的人格を表しているので、人々は自らを、可能であればそれへの請求権を守らなくてはならないような基本的な目的や関心をもっているとみなす。社会の設計において人々が等しい考慮と尊重とへの権利をもっていることは、ある程度はこれらの関心のうちにある。宗教的な関心は、おなじみの歴史的な例である。人々の統合への関心を他に挙げることができる。(心理的抑圧や物理的暴力はこれに含まれる)。原初状態において、当事者たちは、これらの関心がどのような特定のかたちをとるのかを知らない。だが、当事者たちは、自分たちがそのような関心をもつと想定し、また、それらの関心を守るために必要な基本的自由が第一原理によって保障されることも知っている。ここで述べることがかかせないのは、基本的自由が自由についての一定のリストによって定義される、ということである。それらの自由のうちで際立っているのは、思想の自由と良心の自由、身体の自由と政治的自由である。これらの自由は、主要な適用範囲をもっており、他の基本的自由と衝突する以外の理由で、制限や調整を受けることはありえない。これらの自由は対立するかもしれないので、したがって、どれも絶対的ではない。だが、ある体系を形成するためにそれらの自由がどのように調整されるとしても、この体系は、すべての人にとって同じものでなくてはならない。リストにない自由、たとえばレッセ・フェールの教説において理解される私的所有権や契約の自由は、基本的ではない。つまり、それらの自由は、第一原理の優先によっては保護されない。

先述した比較を考察するために、平均効用原理（average utilitarian principle）をどのように理解すべきかを、まず述べなければならない。平均効用原理は、（定義上）効用の個人間比較を許す、古典的な意味でとらえられるべきであり、少なくとも限界効用を査定することは可能だとする。そして、効用は、社会のなかの諸個人の観点から測定されるべきであり（そして原初状態の観点からではない）、諸個人の関心の充足度を意味する。もし受け入れられるなら、これが、平均効用原理が理解され、社会に適用される仕方となる。だがその場合、もし平均効用原理がひっきりなしに長期間にわたって適用されるなら、この原理はときどき、基本的自由を保障する基礎構造を導くことになるかもしれない。だが、一般にそうなる理由はない。そして、たとえこの基準が必要不可欠な自由をしばしば保障しようとも、自由を保障しない状況におちいるリスクを冒すことは、不適切であろう。しかし、正義の二原理（two principles of justice）は、これらの自由を保護するだろう。そして、原初状態において、当事者たちは、自分たちの基本的な関心（当事者たちはこれを、一般的種類の関心と想定する）に特別な優先性を認めるので、各人は（少なくとも二原理が唯一の代替案であるときは）、この二原理の方をはるかに好んで採択するだろう。

また、秩序ある社会についての他の特別な特徴も、考慮しなくてはならない。たとえば、採択された原理は、公共的構想として使用されるべきであり、このことは公示性の効果が査定されなければならないことを意味する。特に重要なのは、自尊心の社会的基盤への効果である。というのも、自尊心が欠けているとき、私たちは、自分たちの目的には追求する価値がなく、何ごともたいした価値をもたないと感じるからである。さて、自らを自由で平等な道徳的人格とみなす人々は、平均効用の基準に合致する社会制度によってよりも、正義の二原理を満たす社会制度によっての方が、自分たちの自己尊重が擁護され確証されると考える可能性がはるかに高い、と思われるかもしれない。というのも、全員が同等の基本的自由をもつべきで、社会的・経済的不平等がマキシミン基準によって統制されるべきであるという共同の意図を自らが満たすと広く知られていることを、正義の二原理を満たす社会制度は、その原理によって告げるからである。明らかにこの推論は、きわめて思弁的である。だが、この推論は、秩序ある社会のもつ公示性の条件によって導入される考察がどのような種類のものであるかを描出する。

二原理を支持する推論は、自由な人格という概念をより詳細に説明することによって、補強されうる。非常に大まかにいえば、当事者たちは自らを、基本的なものすらふくめ自分たちの他の関心すべてが社会制度によってどのように形成・統制されるかに対し、最上位の関心を抱いている、とみなす。当事者たちは自らを、ある一定の時点でもつかもしれない基本的関心の特定の組み合わせを追求するよう不可避的に拘束されていたり、自分たちが同じ組み合わせを追求したりする、とは考えない。ただし、当事者たちは、(許容されるかぎりの)そのような関心を促進する権利を欲しているのではあるが。むしろ、自由な人格は自らを、その最終的な目的を修正して変更することができ、これらのことに関する自由を保存することをまず優先させる存在者と考える。したがって、自由な人格が原理上追及しても拒絶してもよい最終的な目的をもっているというだけではなく、同様にまた、自由な人格における、最終的な目的への独自の忠誠と持続的な献身が、自由な条件のもとで形成され是認されるべきである。二原理はこれらの条件を是認する社会形態を保障するので、二原理が合意をえるだろう。この合意によってのみ、当事者たちは、自由な人格として抱く自らの最上位の関心が保証されるのを確信することができる。

基本財についていくつかのことを述べて、本節を終えたい。先述したとおり、基本財は、原初状態の観点において、当事者たちがどのような最終的な目的をもとうとも欲すると想定することが理にかなっているものである。原初状態の記述がもっともなものであるためには、この動機づけの想定がもっともでなくてはならない。そして、善の（薄い）理論は、そのことを擁護するために用いられる。どのような場合でも、正義構想に必要不可欠な部分は、秩序ある社会の成員による構想適用を制御する規則である。当事者たちがある構想を採択するなら、これらの規則についての理解が明確にならなければならない。したがって、原初状態における人格の動機づけが、社会における諸個人の動機づけと異なる一方で、合意される原理の解釈は同一でなくてはならない。

さて、二原理の重要な特徴は、二原理が一定の基本財に照らして基礎構造を査定する、ということである。その基本財とは、権利、自由、機会、所得と富、そして自尊心の社会的基盤のことである。これらの基本財は、人々の自己尊重に重大なかたちで影響をおよぼすかもしれないと理にかなって予期される基礎構造の特徴である。マキシミン基準（第二原理(a)の部分）において、利益を測る尺度は、基本財の指標である。もちろん、申し分のない指標を定義することには困難があるが、[*2]ここで強調したいのは、(a)基本財は、社会制度と、社会制度に関連する人々の状況についてのある客観的な特質であり、したがって、指標は全体的な達成や未達成を測る基準ではないこと、そして、(b)この基本財の同一の指標が、すべての人の社会的状況を比較するのに用いられることである。個人間比較は、この指標に基づいている。そしてマキシミンルールを適用するには、順位づけで十分なのである。二原理に合意するさい、当事者たちは、正義の判断をするときにこの指標を使わなければならないことに合意する。もちろん、細かい重みづけを原初状態において決めることは、ほぼ不可能である。これは後で、たとえば立法の段階で決めてよい。[*3] 初期段階で定めうるのは、第一原理の優先性によって説明されるとおり、これらの重みづけへの一定の制約なのである。

基本財の使用においては、以下の構想が暗黙の裡にある。私たちは人格を、（正義の原理が満たされていると想定するなら、）状況をふまえて自らの欠乏や欲求を管理し、調整することができ、そうする責任が課されるべき者とみなす。社会の側は、一定の基本的自由と機会を擁護し、この枠組内部で基本財の公正な取り分を提供することへの責任を想定する。社会は、個人や集団の目的や選好を形成し修正することを、その個人や集団にまかせる。したがって、秩序ある社会の成員のあいだには、自分たちが市民としてある種のものに対してのみ、そしてその正義原理によって許されるかぎりでのみ要求権を主張するであろう、という理解がある。ある目標への強い感情と熱狂的な願望は、それ自体では、社会的資源や公共的制度の設計についての要求権を、人々に与えない。すべてのことを考慮するなら同一の指標をもつ人々は平等な福利（well-being）をもつ、ということは含意されていない。というのも、その人々はおおよそ異なっていて、他の多くの要素が関連するからである。だが、社会的正義の目的にとって、こ

＊2　K・J・アローは、起こらないと私がここで想定する、健康への特別なニーズがとりわけ困難な問題になるだろうと述べた。（"Some Ordinalist-Utilitarian Notes on Rawls' Theory of Justice," *Journal of Philosophy*, LXX（1973）, p. 254）。この問題は、別の議論を要する。

＊3　『正義論』の以下の箇所を見よ。*A Theory of Justice*（Cambridge: Harvard University Press, 1971）, p. 198-9.〔川本隆史・福間聡・神島裕子訳『正義論（改訂版）』紀伊國屋書店、二〇一〇年〕。立法段階では、私たちははるかに多くの情報をもち、制約のうちで現状の社会的条件に合わせて指標を調整する。

の指標は比較の適切な基盤である。基本財の理論は、ニーズという概念の一般化であり、ニーズは願望や欲求とは異なる。よって、次のように言えよう。市民として、秩序ある社会の成員は、(一般化された)ニーズを測る公共的尺度に基づいて正当に相互を取り扱う責任を、共同で負う。一方、個人そして団体の成員として、成員は自らの選好や献身に責任を負う。

4 アレクサンダーにおける合成の問題
——媒介変数の選択は基礎的構想を前提とする

以上の所見を前置きとして、ここでアレクサンダーの論文に取り組むが、おもに「合成の問題(The Conflation Problem)」という題の第5節に焦点を当てよう。彼がこの問題を表示するやり方は、古典的功利主義とマキシミンという基礎的な道徳的構想のどちらをも、あいまいにするように思われる。その結果、それぞれの構想は、健全な判断と常識に反するような常軌を逸した極端な立場として見られるようになっている。

だがまずは、公正としての正義を、合理的関心に関する一種の功利主義とするアレクサンダーの記述を、なぜ私が受け入れることができないかを説明したい。三つの基礎的な道徳的概念がある。正、善、そして道徳的善(人格の道徳的価値)である。道徳理論の構造は、どのようにこれらの概念が定義され、相互に関係づけられているかに左右される。善の独立した定義から始め、そこから正を、善を最大化するものと定義することは、目的論的理論の特質である。道徳的価値は同じように扱われる。哲学的教説としては、功利主義は、目的論的理論の主要な例である。功利主義を卓越主義から区別するものは、功利主義が善を主観的に定義することである。つまり、功利主義は善を、快苦と満足不満足の観点から、あるいは個人の合理的関心の満足として定義し、個人的ないし社会的卓越の構想に照らして定義しない。

さて、秩序ある社会という概念と原初状態という観念に、正の概念に分類され（たとえば公正の観念）、合理的関心に関する善構想に属さない多くの要素が含まれているのは、明らかである。また、正義の二原理は、ある程度、正の内容を説明するが（私がある程度と言うのは、他の原理、たとえば個人に対する原理も同様に必要とされるからである）、個人の合理的関心を最大化するよう社会に要求することはない。したがって、公正としての正義は、目的論的構想ではなく、それゆえなおさら功利主義的構想ではない。（『正義論』第3部にみいだされる）善についての理論は、基本財の説明を擁護し、さまざまな道徳的概念と、安定性の議論のために必要な心理的原理とを結びつけるという意図で書かれている。この理論は、個人の合理的関心の充足が最大化すべきであることを含意していない。

アレクサンダーは、正義の多元主義的（直観的）構想を擁護する。その構想によれば、私たちは、総効用と分配における平等という二つの主要な価値があると仮定することから始めることが許されており、そして両者の均衡を算出する原理を探求する。これらの価値を個別に組み合わせるときに、この構想は、適当な妥協点を明らかにしなければならない。アレクサンダーはこの問題を、

(1)　$W_{cj}=\left(U_{1j}^{a}+U_{2j}^{a}\right)^{1/a}$.

という数式のなかの媒介変数 a の値を選ぶ問題として表す。a については一定の値は除外しうる。たとえば、$a>1$ という選択は、平等を価値と数えることと整合的でない。アレクサンダーは、$a=1$ という古典的功利主義的な選択を、そして $a=-\infty$ という、この定式化でのマキシミン基準を、どちらもあきらかに不公平だとして拒絶する。$a=1$ という値は、分配に何の重要性も与えず、総効用のみを考慮する。一方で、アレクサンダーが信じるところでは、マキシミンは分配のみを顧慮する。したがって、ここにはいくらかの幅（不確定の範囲）（$b<c$）があり、b と c は $-\infty<b<c<1$ と表され、a はこの幅から選ばれるはずである。

数式(1)の使用は、手元の問題を表示するよい方法ではない。というのも、数式(1)は、ちょっとした数学と考えるなら、媒介変数 a を変更するだけで、私たちがある道徳的構想から他の道徳的構想へとスムーズに転換することができる、ということを含意するからである。だが、このようなことはありえない。つまり数式(1)は、U が何を表すかと、なぜ道徳理論においてそれらを合計するのが有意味で適当なのかを説明する解釈を必要とする。そのうえ、a の特定の選択（あるいは、a が選択されるべき幅）は、この道徳理論から導出される理由にもとづいている。ゆえに、私たちが a を変更するときに、a のその値を選択することを擁護するもっとも強い理由を提供する構想によって、数式(1)を解釈するならば（そして、これらの構想を他にどのように考えられるのか）、明らかに私たちはただ、他のすべては同じままで a が異なるような選択肢を考えているのではない。

詳しく説明しよう。古典的な功利主義は、$a=1$ という設定を導く確実な構想をもつ。（平均効用原理は、もし人格の数が恒常的と想定されるなら、同一の構想に対応するかもしれない）[*4]。ごく簡単に言うと、古典的な功利主義は、強さと持続性によって測定される快と苦を、本来的価値・無価値の唯一の形態とみなし、人格における道徳的に重要な側面を、享楽と苦痛に対する能力と考える。このことはごく自然に、公平な慈悲深い観察者という概念を導く。この観察者は、衝突しあうすべての欲求をあたかも自分自身のものであるかのようにみなすことによって、道徳的判断を下す。完全な慈悲深い観察者は、その共感と想像の能力によって他の人の快苦を正確に見積もり、帰結を直ちに理解することができる者である。観察者は、あらゆる欲求を、一つの欲求体系に属すと数え、そして、この体系が一つの人格に、つまりその観察者自身に属するかのように、満足の正しいバランスを見積もる。すべての人格がいわば崩れて一つになってしまったので、分配は価値をもたなくなる。したがって、平等な重みづけをもつ割り当てを基礎づけるものは、満足と不満足のたんなる入れ物としての自己という概念である。自己は、経験の複合体の保有主とみなされ、これらの経験の価値は、各人に固有のものである。これらの経験の全価値は、人格間の区別（境界線）によって影響されないが、それは、どのように水が貯水池に分配されるかによって水の総量が影響されないのと同様である。[*5]（この見解では、「合成」という語は、文字通りの意味をもつ

＊4　この問題での総効用の最大化と平均効用の最大化との区別は、あきらかにシジウィックによって認識されていた。シジウィックは総効用の最大化を正しいと認めた。*Methods of Ethics* (London, 1907), 7th ed., p. 415f. を見よ。

＊5　いくつかの参照点が *A Theory of Justice*, p. 188 で示されている。デレク・パーフィットによる価値ある議論も見よ。Derek Parfit, "Later Selves and Moral Principles," in *Philosophy and Personal Relations*, Alan Montefiore, ed.（London: Routledge and Kegan Paul, 1973), pp. 137–69, esp. 149–60. パーフィットは、私のいくつかの参照点の適切さを問題視している。p. 164 の注31・32を見よ。

ことに注意せよ)。Uの総計と平等な重みづけの割り当てについて、古典的見解と説明とに基づく数式(1)の解釈を提供するのは、この構想(あるいはその類似物)である。

数式(1)が多元主義的構想を表示するものとみなされるなら、この数式は、非常に多様に解釈されるべきであるが、だがどの程度そうなのか。Uについて考察しよう。Uは、顕示選好理論におけるのと同じような選択関数でも、ノイマン=モルゲンシュテルン効用の尺度でもありえない。というのも、Uは、個人がどのように選択するかについての形式的または数学的な記述にすぎないからである。Uは、伝統的教説における満足度の尺度ではない。したがって、Uは、数式(1)に含意される個人間比較の基盤を与えない。さらに、数式(1)は、個人間比較が水準の比較以上のものであることを要求し、少なくともUの限界値の総計を許す。

私が思うに、アレクサンダーはUを、個人の合理的関心の満足度に部分的に基づき、そして、社会的卓越の構想によって判断されるこれらの関心の質に部分的に基づく尺度として解釈する。アレクサンダーは、快の質についてのミルの教説の内容を是認しており、社会的価値についての包括的見解の必要性を力説する。アレクサンダーがUをこのように見積もるので、個人間比較は、0か1かの規則(zero-one rule)や他の同様の道具立てによって、ノイマン=モルゲンシュテルン効用から定められることができない。このように考えると、いかにして数式(1)に含意される個人間比較が確立されるべきか、どのような解釈が総計に対して与えられうるか、または、なぜそれが正当化されるのか、を知ることは困難である。とりわけ、社会的卓越の考慮がここでも関係するとしたら、aの選択は特に難しいように思われる。多元主義的な見解ではおそらく、何が適しているかについての感覚以外に、私たちを導く非常に明確な構想は存在しないであろう。

古典的な功利主義と多元主義がどのように数式(1)を解釈するかについての、これらの所見から引き出される結論とは、aが選択される基盤となる構想をみなければ、aの選択が理にかなっているかどうかはわからない、ということである。そこから帰結するa（あるいは不確定の範囲）は、基礎理論の結果にすぎない。私たちがまずすべきは、理論を採択することである。数式(1)は、あたかも採択がすでになされたかのように見せかけることによって、私たちの問題を誤ったかたちで表す。したがって、（二原理の文脈内部で）マキシミンを査定するために、私たちはマキシミンを支持する構想（複数あるかもしれないが）を知る必要がある。私はこのことを次の二節で取り上げ、同時に、リスク回避傾向と契約観念の使用に対してアレクサンダーとマスグレイヴが抱いている異論に向き合うことにしよう。

5　第二の比較――マキシミンの解釈、そして想定としてではなく結果としてのリスク回避傾向

マキシミン基準がリスク回避傾向に関する極端で恣意的な想定に基づいていると仮定することは、一見したところでは魅力的である。私はこれが誤解であることを示したい。マキシミンの基礎にある構想へと至る方法として、第二の比較を考察しよう。（先に定義したとおりの）平均効用原理を、正義の二原理におけるマキシミンに代えると仮定しよう。そこから帰結する構想において、効用の基準は、マキシミンと同じかたちで制約され、社会的・経済的不平等を統制する。

マキシミンについての以下のような自然な解釈を見出すことができる。平等な自由と公正な機会均等の原理は、第二の比較におけるどちらの案にも共通している。つまり、どちらかの案が実現されるなら、何らかの形態の民主主義が行われることになる。私たちは秩序ある社会を論じているので、構想はどちらの主張においても公共的であろう。つまり、市民は自らを自由で平等な人格とみなし、社会制度にすすんで従い、その制度を正当と認識する。

しかし、社会的配置を維持するための要件としてか、正義の関連する基準を満たす動機としてか、あるいは何でもよいのだが、一定の社会的・経済的不平等が存在すると想定しよう。個人の人生見通しは、家系や出身階級によって、生まれ持った素質によって、養育機会の偶然性によって、同様にまた人生における幸運の巡りあわせによって、著しく影響されるよう拘束されている。私たちは問わなければならない。民主主義的制度のもとに生きる自由で平等な道徳的人格は、どのような原理に照らして、人格同士の関係が、社会的な偶然性と自然的な運によって影響されることを許すのか。個人は才能の分配におけるその地位や社会におけるその初期位置に値しないので、真価は答えではない。だが、自由で平等な市民は、理にかなった原理が存在するならば、偶発性が及ぼす効果が何らかの原理によって統制されることを欲する。

さて、マキシミン基準に従うなら、能力の自然的分配は、いくつかの点で共有の資産とみなされる。少なくともこれらの能力の平等な分配が選択の問題であるとしたら、その分配は自由な道徳的人格の平等を踏まえて増大するように思われるかもしれない。一方で、このことは、〔能力の差といった〕生まれ持った差異を消去する理由にはならず、ましてや並外れた才能を破壊する理由になるはずもない。反対に、生まれ持った差異は、相互利益への機会として認識される。とくに、生まれ持った差異が一般に称賛され、社会的紐帯の基盤を形成するにつれ、そのように認識されるようになる。もし不平等が、それに対応する利益を運の悪い者にもたらすのに必要とされる以上のものでなく、平等な民主主義的自由の枠組が反対に影響されることがないならば、制度は能力を最大限使用してもかまわない。同じ制約は、社会的階級間の不平等にも当てはまる。したがって、一見するところ、生まれ持った才能の分配と、そして人生で予測される社会的偶然性は、自由で平等な道徳的人格間の関係を脅かす。だが、マキシミン基準が満たされるなら、これらの関係は保存されるかもしれない。つまり、すべての人の、とりわけもっとも不利な人々の利益になる仕方以外で誰も自然的なめぐりあわせと社会的偶然性から利益を受けることはない（不平等が存在すると想定されていることを思い出そう）[*6]。

私が思うに、このことは、マキシミンが少なくとも一つの自然な解釈をもつことを示している。マキシミンは、他の人の助けにもなる場合は別として、出身階級や生まれ持った才能など、重大で永続的な影響をともなう不相応な偶然性から誰も利益を得るべきでない、このような原理によって当事者たちが動かされるなら、不平等を統制するために採択される基準である。そして、この基準は、すでに二原理の別の部分を承認している社会においては、とりわけ適当であるように思われるかもしれない。つまり、マキシミン基準は、すでに基礎構造のうちで暗に示されている民主主義的構想を、これらの不平等の統

＊6　このように解釈される際のマキシミンへの批判については、以下を見よ。Robert Nozick, "Distributive Justice," *Philosophy and Public Affairs* (Fall 1973), esp. pp. 107–25.

制に拡張するであろう。さらに、マキシミンが効率性に重きを置いていないということは正しくない、と私は考える。マキシミンは、不平等のなかでの機能的な寄与についての規則を課す。そして、その規則は相互に有利な社会的配置に適用されるので、効率性にいくらかの重きが置かれる。このことは、関連する階級が二つしかない事例において明確に説明される。その事例では、マキシミンは、平等にもっとも近い（パレート）効率点を選ぶ。したがって、この例では少なくとも、マキシミンは、厳密な平等と（基本財という基準で測定された）平均的な利益の最大化とのあいだの自然的な焦点として、別様に解釈される。[*7]

さて、『正義論』において私は、マキシミン基準についてのこれらの解釈のうち、第一のものと、民主主義的構想との関連を述べたが、原初状態における人格が道徳的概念を受容していると特徴づけようとはしなかった。とはいえ、このことはなされてもよいとみなしていたのだが。その代わりに、私の議論は、原初状態を定義する条件がすでに、自由で平等な道徳的人格とみなされる理にかなった個人に対して、私たちが議論してきた二つの比較において正義の二原理を（マキシミンとともに）認めることを要求する、というものであった。私たちが見てきたように、もしこれらの基準が独立した哲学的正当化をもつか、あるいは、基準の含意が熟考に照らして十分に説得力があるとみなされるなら、この議論は成功している。リスク回避傾向が登場するのはこの点であり、これに関してアレクサンダーとマスグレイヴはともに異議を申し立てている。だが私は、当事者たちが何らかの独自のあるいは特別なリスク回避傾向をもつとただ仮定したのではなかった。実際そのことは何の論拠にもならないであろう。[*8] むしろ、原初状態の特徴は、その特徴同士が合わさったときの効力を考慮するなら、理にかなった人々を、あたかも極度にリスクを嫌悪するかのごとく選択するように導くであろう。あるいは別のかたちで表現しよう。自己保存を志向する決定は、利用可能な代替案のリストを考慮するなら、唯一の思慮深い決定である。したがって、アレクサンダーが言うように、そのような決定は課されている。それでも、その決定は恣意的に課されるのではなく、原初状態についてのより弱く基礎的な条件の布置を通じて課されるのであり、個々の条件には適当な前提ないし正当化が備わっている。

もっと明確にしてみよう。私は、無知のヴェールが次のような三つの条件を課すという意味で完全であると述べた。すなわち、(a)当事者たちは、(基本財の説明を擁護する、善の薄い理論に含まれているものは除いて)、自らの欲求や目的についての知識をまったくもたず、したがって社会のなかで自らがどのような選択関数をもつかについての構想をもたない。(b)当事者たちは、自らがいる社会的状況や、自分たちの社会が意のままに使える一連の技術について知らないし、ましてや数え上げることはできない。

＊7　以下のコメントを見よ。E. S. Phelps, "Wage Taxation for Economic Justice," *the Quarterly Journal of Economics*, LXXVII (Aug. 1973), pp. 334-37; A. B. Atkinson, "How Progressive Should Income-Tax Be?," in *Essays in Modern Economics*, M. Parkin, ed. (London: Longmans, 1973), pp. 105-08. だが、関連する階級が三つや四つであるときに、先に示唆した第二の解釈を支持するのに十分にはっきりと焦点が定義されうるかどうかはわからない。問題は、私たちが平等の尺度を必要とすることである。もし私たちがマキシミン基準そのものを尺度として使用するなら、その解釈は定義上真である。だが、独立した尺度によっては、その解釈はもちろんおおよそ認められないだろう。この点を明らかにすることに関し、パーサ・ダスグプタ（Partha Dasgupta）に感謝する。

＊8　*A Theory of Justice*, p. 172 を見よ。

そして、(c)たとえ当事者たちがこれらの可能性を数え上げるとしても、その可能性についてある確率分布に依拠し、他の確率分布に依拠しないことを支持する理由を、その当事者たちはもたない。そして理由不十分の原則は、この制限に関しては健全な方法ではない。無知のヴェールの背後にある形式的な道徳的制約(たとえば、公正の観念とカント的解釈)を受け入れるのであれば、その制約が導く選択も受け入れなければならない。[*9]

私は、自分が考察したいくつかの比較においては二原理が合意を得られなければならないと考えた。私の議論はせいぜい直観的であった。とはいえ、形式的な証明を見出すのは不可能ではないかもしれない。アローとハーヴィッツは最近、次のことを示した。完全な無知が、似たような結果の社会状態を考慮から外してもかまわないことと仮定しよう。もしこの仮定が正しいなら、そして選択関数に対するごく通常の制約が課されるなら、典型的に最悪の状態と典型的に最善の状態を二項対にし、その二項対を順序づけすることによって意思決定をする〔すなわち、最悪な状態と最善の状態の最善な按配を決定の基礎とする〕。したがって、決定は状態の最大と最小と、その違いにのみ左右される。[*10]もちろん、アローとハーヴィッツは、原初状態が許すよりも多くの情報を想定する。というのも、〔原初状態では、〕当事者たちは、最大と最小の結果を見積もる方法をもたないからである。おそらく、原初状態における情報のより強い制約は、結論が、適切なかたちで一般的ななんらかの意味において定義される最小(マキシミン基準に例示される)のみに左右されるよう強いる。

たとえそのような形式的な証明が示唆的であろうと、それらの証明は注意して考察されるべきである。私たちは、それらの証明の前提が健全で、原初状態を特徴づけるはずの条件を本当に表示しているかどうかを、チェックしなければならない。私はここでただ、リスクに対する特定の、極端ですらある態度が、原初状態についての記述の一部として単に前提されている、という批判を論駁する可能性に言及する。そのような態度は、他の想定からの帰結である。さらに、完全な無知という条件に依拠する議論は、おそらくコミットメントの負担（burden of commitment）からの議論を擁護するためにもっともよく用いられるだろうという見込みの意味と解釈について、目下のところ、非常に大きな不一致がみられる。このことを、次節で取り上げる。

6　契約という条件とコミットメントの負担

コミットメントの負担からの議論は、公正としての正義において重要な位置を占め、契約（合意）の概念がこの議論にとって不可欠である。アレクサンダーは、この概念が何らかの役割をもつことに疑念を呈している。アレクサンダーは、選択という概念が唯一必要とされるとみなす。なぜこの仮定が正しくないのかを示したい。

まず、契約の概念は、公正としての正義のなかで少なくとも三つの箇所で登場する。第一に、契約の

＊9　*A Theory of Justice*, p. 152–156を見よ。カント的解釈については、第40節を見よ。

＊10　以下を見よ。K. J. Arrow and Leonid Hurwicz, “An Optimality Criterion for Decision Making Under Ignorance,” in *Uncertainty and Expectation in Economics*, C. F. Carter and J. L. Ford, eds.（Oxford, Basil Blackwell, 1972）, pp. 1-11.

概念は私たちに（他の概念も同様であろうが）、自分たちを相互に要求する権限があるとみなす自由で平等な人格のあいだの区別の重要性を思い出させる。個人は人間のかたちをした容器でもなければ、満足のレベルを定める単なる場所でもない。したがって、〔個人の幸福や欲求充足を個人間合算する〕合成についての古典的功利主義の手続きは、最初から疑わしい。

第二に、契約の構想は、公示性の条件を導入する。公示性の条件には、広範囲にわたる入り組んだ派生がある。実際、これは契約論のもっとも特徴的な側面の一つである。以前述べたように、これらの条件は当事者に、正義構想をその公示性の効果をふまえて評価するよう要求する。ここで重要なのは、自尊心の社会的基盤への影響である。

第三に、契約の概念（契約という条件）は、原初状態における当事者たちに、さらなる制約を提示する。そのような制約を提示しないという信念は、次のようなかたちで生じるかもしれない。原初状態における合意は、全員一致でなくてはならない。だが、すべての人は、全員が同じ原理を採択するよう望む状況にある。そうだとすると、交渉しても何も変わらないのに、なぜ合意が必要なのか。その答えは、拘束力のある投票ぬきで全員一致の合意に達することは、すべての人が同じ選択に達すること、同じ意図を形成することと同じではない、というものである。契約が人々のなす約束であるということは、帰結する合意が、すべての人がそうでなければした選択と異なるものになるよう、すべての人の熟慮に同じように影響するかもしれない。同じ原理を認めようとする当事者たちの意欲が、契約という条件が不要であるという思い違いを引き起こすかもしれないのは、この条件が当事者たちの熟考を最初から制御するからにすぎない。

一般に、合意されうるものの種類は、合理的に選択されうるものの種類のうちに含まれ、そして、それより少ない。私たちは運に任せるよう決心しながら、同時に、もし物事が悪くなるなら、私たちは自分の状況を回復させるためになしうることをするだろうと意図することができる。だが、もし私たちが合意に達するなら、その結果を受け入れなければならない。そしてしたがって、誠実に約束をするため、私たちはその約束を守らなければならないだけではなく、私たちが約束を守ることができることを無理なく信じられるのでなくてはならない。それゆえ、契約という条件は、重要なさらなる制約なのである。

さて、原初状態で契約の概念を引き合いに出す理由は、契約の概念が秩序ある社会の特徴と一致する点にある。たとえば、これらの特徴は、すべての人が同じ正義原理を受け入れ、他の人がその同じ正義原理を受け入れているのを知っていることを要求する（第1節(1)）。したがって、この社会の市民は、その社会的地位が何であれ、皆、社会的配置が自分たちの正義構想にとって好ましいと考える。誰も自分の状況を屈辱的だとか侮辱的だとはみなすべきでなく、臆病さや報復への恐れから憤慨し黙認せざるをえない状況にとどまるよう強いられるべきではない（第1節(7)）。合意した原理を受け入れたり守ったりすることは、正義の公共的構想として進んでそれらの原理を適用すること、そして私たちの思想や行為において原理の含意を是認することを意味する。秩序ある社会のこれらの側面や他の側面は、契約という条件によって、原初状態の記述のうちに組み込まれている。

したがって、契約の概念は、コミットメントの負担からの議論へと至る。[*11] その考えは、このようなも

*11　*A Theory of Justice*, pp. 175 以降を見よ。

のである。すべての人は誠実に約束すべきで、たんに同じ選択をするというだけであってはならないので、もし自分は一貫した適用の結果を尊重できないのではないかと疑う理由があるなら、原理に合意することは誰にも許されていない。とりわけ、すべての人は約束が最終的なものであって、自分たちと子孫を恒久的に拘束し、社会の基礎構造に適用される正義の公共的構想をもたらすことなどを心にとめなければならないので、この制限は、すべての人の熟考に同じように影響を与えるだろう。したがって、二つの構想を考察してみよう。第一の構想は、受け入れることのできない社会的位置を許容し、あるいは要求するとしよう。一方、第二の構想は、すべての人があらゆる状況で守りうる配置をもたらすとする。その場合、第二の構想が合意を得なければならない。私は、基本的自由に対する最上位の関心と他の考察をふまえ、平均効用原理との一対一の比較コンテストにおいては正義の二原理が承認されなければならない、と論じた。二原理はつねに、すべての人にとって好ましい条件を守る。他方、効用基準は守らないかもしれない。このテストは、第二の比較でしたように、功利主義がマキシミンに置き換えられるときは、それほど明確ではない。だが、私たちが一度公示性と安定性に基づくより洗練された考察を導入すれば、このテストはなお効力をもつのである。[*12]

この議論の二つの想定を明記すべきである。第一に、使用可能な正義構想（比較リストに掲載されているもの）が全員に好ましい社会的地位を保証するのを、自分たちの社会の直面する状況がつねに妨げているわけではないことを、当事者たちはどのようにして知るのか。正義の状況に関する条項（とくに適度な希少性と協働の生産性、第1節での条件⑻と⑽）は、少なくとも正義の二原理がリストにあるかぎり、何らかの正義構想が実際に、すべての人が尊重しうる社会的地位を保障することを確保するよう意図されている。したがって、正義の状況は、ある程度は、生存のための想定として使用されている。

第二に、異なる人々が同じ社会的地位を好ましいとみなし、したがって同じように基礎構造を評価するだろうということは、いかなる理由から認められるべきか。というのも、もし人々がそうしないなら、ある人格にとっては除外される構想は他の人格にとっては除外されない構想であるかもしれず、そのためにマキシミン解は定まらないことになるからである。この点で、人は基本財の指標を使用する。理論的目的に対し、この指標は共通の基準として役立つ。誰かが最悪の地位を許容可能と考えるなら、全員がそう考えるだろう。そして、誰もがその他の地位を許容可能と考えるであろうことはなおさらである。この点で基本財の指標は、共有された選択関数に似ている。だが、人々が同じ欲求や最終的な目的をもつことは含意されていない。事実、人々の欲求や最終的な目的は、多様で衝突しあうと想定されている。しかし、先に述べたように、市民の選好や目的が許容されうるもので、安定性に必要とされる効果的な正義感覚と両立しうるかぎり、社会はその選好や目的に対して責任を負わない。

この議論について、二点簡潔に述べておきたい。明らかに、この議論は、ある種のランダム性を排除する。つまり、人は、原理を守ることができない見込みがわずかでもあるなら、その原理を受け入れてはならない。この点で、完全な無知が有する含意が関わってくる。というのも、これらの含意は、原初状態における人格に、最悪の結末を考察し、それを現実的な可能性とみなすよう要求するからである。

＊12　以下での私のコメントを見よ。"Some Reasons for the Maximin Criterion," *American Economic Review*, LXIV (May 1974), p. 143f.

たとえ大きなリスクを取るのが合理的であろうとも、契約という条件はより強い要求を課す。つまり、当事者は、ありうる個々の結果を受け入れることについて誠実に合意することができないならば、そのような結果をもたらしうるすべてのリスクを拒絶しなければならない。

最後に、コミットメントの負担は、以下のように見積もられなければならない。ある正義構想を考慮するなら、そのもとでその構想が実現されたら好ましくない社会的地位が導かれてしまうような状況があるかどうか、決定しなければならない。不正義な社会における有利な地位から正義にかなった社会における不利な地位（絶対的かもしれないし相対的かもしれないし、また、どちらでもありうる）へ移行しなければならない人々はコミットメントの負担と感じるかもしれないが、私たちはそのようなコミットメントの負担は考察しない。むしろ、検証されている社会の現行の条件からどのような負担が生じるのかが、問われなければならない。したがって、対応する秩序ある社会がいわば安定した均衡状態において全員によって賛同されるかどうかを、そして、この点に関してどちらの社会条件がよりよいあるいはより悪いのかを、査定しようとしなければならない。不正な社会からの仮説的な移行の事例に適用される、コミットメントの負担のテストは、重要ではない。[*13]

7　マスグレイヴにおける余暇のトレードオフ
——マキシミンはたんに次善の策なのではない

残念ながら、紙幅の関係上、マスグレイヴの論考についてはいくつかのコメントしかできない。私のここまでの所見は、マスグレイヴが彼の議論の第一部で疑問を抱いている点を扱っているので、余暇のトレードオフに関する第二部についてのみ述べたい。

問題はこうである。別の論文で、私は次のように書いた。すなわち、社会が生まれ持った才能に定額税を課し、より才能がある者がより高額の税金を支払おうとするなら、マキシミン基準は、マルクスによって引きあいに出されている指針、すなわち「能力に応じて各人から、ニーズに応じて各人へ」に一致するであろう、と。[*14] この方法でなら、所得と富の不平等は、根絶とはいかなくとも大きく削減されるだろう。マルクスは、正義の状況が乗り越えられたときのみ、この指針が適用されることになる、と考えていたように思われる。というのも、労働それ自体が人生における喫緊の課題（das erste Lebensbedürfnis）となり、適度な希少性という制限がもはやあてはまらないときに、この指針は十分に成熟した社会主義社会の一部となるからである。したがって、ある意味で、それは正義の指針ではなく、正義を超えた社会のための指針である。

＊13　私自身がはっきりさせていなかったことにより、残念ながらこの点でアレクサンダーを誤解させたようだ。*A Theory of Justice*, p. 176 下部の記述は不正確である。

＊14　私の以下の論文を見よ。"Some Reasons for the Maximin Criterion," p. 145. 指針それ自体については、『ゴータ綱領批判』（1875年5月）を見よ。マルクスはおそらく、ルイ・ブランが自著『労働の組織』の第9版（パリ、1850年）に付け加えた一節のことを念頭に置いている。関連する文は次のものである。「平等はしたがって、ただ均衡である。そして平等が実際に存在するのは、神自身によって何らかのかたちで書かれた法に従っている各人がその能力に従って生産し、そしてそのニーズに従って消費するときのみである」（72頁）。

だが、私が考えるに、マスグレイヴは、この指針が厳密な意味での正義の指針であり、生まれ持った能力（潜在的な収入獲得能力）への定額税という考えがしたがって少なくとも理論的には、定額税が正義の状況においてどのように適用されることになるのかを示す、と信じている。だれでも、このような枠組のはかりしれない実践的困難を認識する。能力を測定することは不可能かもしれないし、個人は自分の才能を隠そうとする強い動機をもつだろう。私は他の困難があることも述べた。すなわち自由への干渉である。私は説明しなかったが、このことを私は、（先に定義したような）基本的自由への干渉のつもりで言った。課税によって余暇と所得とのトレードオフに影響を与えることは、言うなれば、そのことが基本的自由を侵害するまでは、自由への干渉ではない。ただし、このような侵害がいつ起こるかを定めるためには、これらの基本的自由についてのより豊かな説明が必要である。

したがって、私には、理論的観点から見られたマスグレイヴの枠組に対して、そもそも異論はない。余暇の概念は解明を要するように私には思われる一方で、余暇を基本財のなかに、したがって、マスグレイヴが提示する指標のなかに含める十分な理由は、存在するかもしれない。そしてこのことは、基本的自由と両立可能かもしれない。余暇が基本財に含まれるべきかどうかは、基本財についてのよりよい理解と、余暇を基本財に数え入れることとの実行可能性に左右される。基本財の指標は、マスグレイヴの議論が時々示唆しているとは異なり、厚生の尺度ではない、ということだけ付け加えたい。だが、このことはすでに述べたし、さらなるコメントも必要ではない。

それにもかかわらず、生まれ持った能力への定額税という考えは、たんなる実践的な困難以上のものにさらされるのではないか、と私は疑っている。事実、理論上であっても、生まれ持った能力が定額税のために測定しうるような形態で存在するかどうかは、疑わしいように思われる。たとえば、ある能力が頭のなかのコンピューターであって、測定可能で固定した能力をもち、社会のなかで確定的かつ変わることなく用いられるのだとしたら、その疑いは当たらないであろう。だが、たとえば知能は、けっしてそのような固定的な生来の能力ではない。知能は、異なる社会的条件によって形づくられ、育まれる無数の次元をもつにちがいない。現実の能力ではなく潜在的な能力としてさえ、知能は、ほとんど理解されていない複雑なかたちで著しく異なるはずである。そしてこれらの能力に影響を及ぼす要素のなかでも、社会の姿勢や制度は直接的に、能力の訓練と承認に関係する。したがって、潜在的な収入獲得能力は、社会の形態や、人生のなかでの特定の偶然性から独立したものではなく、そして定額税という考えは合わない。以上のことだけでも十分問題だが、定額税が人生のどの時点で査定されることになるかを問うなら、状況はさらに悪くなる。このことは、マキシミンの解釈に影響を及ぼさないと思われる。私たちは、人々の生まれ持った素質と、そして人々の社会的状況がその素質に与える影響がどのようなものであろうとも、すべての人の利益に貢献するような仕方以外で、誰もこれらの偶然性から利益を得ることはない、となお言うことができる。

だが、マスグレイヴの枠組の方向でのあらゆる形態の課税は除外される、と結論することはできない。別の可能性が実現できることは、示されるかもしれない。だが少なくとも、いくらかの不平等は、おそらくなお存在するだろう。もし先述のことが正しく、マキシミンの定額税バージョンが理論的に適用できないなら、(先に定義したとおりの)マキシミンをたんに正義についての次善の指針とみなすことはミスリードであろうと思われる、とだけ付け加えたい。そうではなく、マルクスはおそらく正しいのであろう。マルクスが援用した指針は、正義を超えた社会を前提とする。そして正当な組織を考慮してさえ、その指針に効力をもたせるには、実行可能な課税システム以上のものが必要かもしれない。

第2章　平等と厚生機会の平等

リチャード・アーネソン
米村幸太郎訳

分配の理念としての平等に関心を寄せるとき、私たちが重んじていることは正確には何なのだろうか。多くの人は、現代社会における金持ちと貧乏な人の生活水準の格差や、豊かな社会の平均的な生活水準と貧しい社会でのごく一般的な生活水準の格差に心を悩ませている。少なくともある程度までは、私たちの心を苦しめるのはまさに生活水準の差それ自体なのであって、単に貧しい人の生活が絶対的な意味で低いレベルにあることではないのである。だが、この分配の平等という理念に内実を与えるには、その「生活水準」なるものについていかなる指標を用いるのが適切か。これを決定するのは簡単ではない。ジョン・ロールズ[*1]とロナルド・ドウォーキン[*2]による近年の議論は、平等主義的理念の解釈としての

＊1　John Rawls, "Social Unity and Primary Goods," in Amartya Sen and Bernard Williams, eds., *Utilitarianism and Beyond* (Cambridge: Cambridge University Press, 1982), pp. 159–185.

＊2　Ronald Dworkin, "What Is Equality? Part 1: Equality of Welfare," *Philosophy and Public Affairs* 10 (1981): 185–246, "What Is Equality? Part 2: Equality of Resources," *Philosophy and Public Affairs* 10 (1981): 283–345〔小林公・大江洋・高橋秀治・高橋文

厚生の平等と資源の平等というヴァージョンの利点を論じている。本論文で私は、厚生機会の平等という観念が、分配における平等理念についての最善の解釈であると論じるつもりである。

諸個人が所有し利用したいと欲する財のストックを意のままにできる分配機関（a distributive agency）を考えよう。各財は誰にとっても有用だと考える必要はなく、単に誰かにとって有用性をもつと想定すれば足る。それぞれの財は均質であり、いくらでも細かく分割できるとしよう。〔その上で〕適切な平等の基準を満たすには、こうした財をどのように分配すればよいか、という問題を考えていくことにしよう。本論文の議論では、このような仕方で分配のために正当に用い得る財が存在すると前提しておく。したがって、すべての資源の適正な所有権が、個人の権原や真価によってあらかじめ定まっているとは想定していない。こうした前提を擁護するいかなる論証も〔本論文では〕与えられていない。この意味で、本論文は平等主義者たちに対するものであって、その論敵に対してのものではない。

1　資源の平等

資源の平等の基準によれば、平等を達成するために、分配機関は全員に他の人ときっちり同じ財の取り分を与え、分配に用い得る全ての財を、こうした仕方で分配すべきであるとされる。この資源の平等解釈に対するストレートな反論は、次のようなものである。スミスとジョーンズは同じような嗜好と能力を有している。ただし、スミスには深刻な身体的ハンディキャップがあり、これを補うには高価な松葉杖が必要である。このとき、もし二人が同じ量の資源を与えられたとしても、スミスは資源の大半を松葉杖のために使わなければならない。一方で、ジョーンズは、与えられた資源のもっとずっと多くを、自分の目標を実現するために使うことができる。この場合、〔人がおかれた〕境遇についての何らかの平等の観念が配慮に値し、スミスとジョーンズの間でそのような境遇の平等が実現されるべきだと言わざるを得ないように思われる。

この反論に対する少なくとも二つの応答が、論及に値する。第一はドウォーキンによって追求されているもので、[*3]この事例において、個人と彼が使える資源の間の区別は間違ったところに引かれている、とするものである。障害のあるスミスの足も健康なジョーンズの足も彼らの資源の一部と考えるべきなのである。よって、足以外の点についてジョーンズと等しい資源が与えられ、加えて、彼の足を完全に使えるようにしてくれる手段がスミスに割り当てられさえすれば、資源の平等が達成されたと言いうる。となるとこの事例が示唆しているのは、資源の平等の倫理からすれば、個人の才能も分配されるべき資源の一つに数え入れられるべきであるということである。この筋道の応答はすぐに難点に行き当たる。教育や技術的な補助を供給したとしても、生まれつきの差異を埋め合わせて、全員が同一の才能に恵まれているようにするのは、分配機関には不可能である。また、低い才能によって不利益を受ける人々に対してどのくらい補償すべきなのかも明らかではない。〔というのも〕才能がもつ当人にとっての価値は、

＊3　Dworkin, “Equality of Resources.”

彦訳『平等とは何か』木鐸社、二〇〇二年の第1章と第2章に収録〕. Thomas Scanlon, “Preference and Urgency,” *Journal of Philosophy* 72 (1975): 655–669 も参照せよ。

彼らの人生計画がどういうものであるかに依存する〔からだ〕。かかる難点の英雄的な解決策は、すべての個人に全員の才能に対する所有権の平等な持分を割り当てることである。[*4] この手続きの下では、社会のN人が、全員の才能のN分の1の取引可能な持分を所有して、大人としての人生を始めることになる。この持分とは、持分の所有者が、部分的に所有された側の才能の使途をその間は指示できるようなひとかたまりの時間のことだ、とみなしうる。この提案の有する欠陥にはドゥウォーキン自身が気づいており、それで適切にもこの提案を「才能ある者の奴隷制」と名付けている。[*5] その欠陥とは、この才能の平等な分配スキームの下では、高い能力をもつ人は、自分より低い能力しかもたない仲間に比べて、相対的に不利な立場におかれてしまうことにある。もし各人が、自分の時間を自分で所有する（すなわち彼の人生全体にわたる彼自身の身体に対する所有権を持つ）という意味での自由を強く欲していると想定するならば、優れた才能を持ったひとは、自分の時間はとても貴重かつ需要が大きいので、自分の自由への嗜好はとても高価である一方、才能に乏しいひとは、自分の時間はそれほど貴重ではなく需要も乏しいので、自分の自由に対する嗜好は安価であると気づくであろう。資源の平等についてのこのヴァージョンの下では、仮に二人の人間が才能の多寡以外の点ではすべて同一であるような場合、より能力のある方は、才能に恵まれていないもう一方の人よりも、自分の人生計画を達成するのがより困難であることに気づくだろう。一旦かかる含意が明らかになってみると、やはり資源の平等は、平等理念の魅力的な解釈とは言えないように思われる。

第二の応答は、資源が等しく分配されたのであれば、手持ちの資源と、自分の性格や自らが置かれるであろう状況を計算に入れた上で、ひとびとは自分の選好を形成、場合によっては改定する責任があると主張する、というものである。[*6] 各人が総合的にみてどの程度まで選好を充足できるかは、したがってその個人の責任の問題であって、社会の側の問題ではない。私に歌の才能がないということは生まれつきのどうしようもない事柄である。しかし私がプロのオペラ歌手になりたいという望みを膨らませ、その夢を中心に人生を形作るということは、ある程度は自分でコントロールし得たさらなる別の事柄なのであって、それに対しては私が責任を負うべきなのである。

この応答の難点は、たとえこの点を受け入れたとしても、資源の平等を擁護するには足りないことにある。選好形成に社会的生物学的な諸要因が影響しているのは確かなのだから、もし責任を負うのが適切なのは自分がコントロールできることだけだとすると、わたしたちは自分の選好に対して、せいぜい

＊4　ハル・ヴァリアン（Hal Varian）は "Equity, Envy, and Efficiency," *Journal of Economic Theory* 9 (1974): 63-91 において、取引均衡の結果の、平等な分配についてのこのようなメカニズムについて議論している。John Roemer, "Equality of Talent," *Economics and Philosophy* 1 (1985): 151-186, 及び "Equality of Resources Implies Equality of Welfare," *Quarterly Journal of Economics* 101 (1986): 751-784 も参照せよ。

＊5　Dworkin, "Equality of Resources," p. 312. 分配の平等に関する資源ベースの解釈の擁護者には、才能ある者の奴隷制問題に対し、本論文で考察した以外の応答が可能であることに注意すべきである。その応答によれば、才能ある者の奴隷制問題が示しているのは厚生を平等化するような分配の命令ではなくて、むしろすべての資源を完全に譲渡可能なものと考えることの道徳的不適切さなのだという。資源の平等は水準以下の能力の持ち主に補償を与えることを要請すべきであるが、かかる補償は、他者の能力に対する完全な私的所有権を個人に割り当てるという形をとるべきではない。能力はせいぜい部分的にしか譲渡可能ではないのである、と。Margaret Jane Radin, "Market-Inalienability," *Harvard Law Review* 100 (1987): 1849-1937 を見よ。

＊6　Rawls, "Social Unity and Primary Goods," pp. 167-170.

のところ部分的な責任しかあるとは言えない。たとえば、足を動かせない人は、足がなくても実現に支障がない目標や価値観を十全に形成する責任を負うべきであるという主張は、とんでもなく不合理であるだろう。わたしたちはある程度まで自分の選好に責任がある場合がある、という主張を認めたとしても、資源の平等に対する最初の反論に傷はつけられない。責任がある場合があるということは、責任がない場合もあるということだからである。

〔そもそも〕「わたしたちは自分の選好に対して責任がある」という主張は曖昧である。これは、現状の選好は完全に本人がコントロールし得た要因によって形成されている、という意味にもとれる。あるいはそうではなく、いま有している選好が大部分当人のコントロール能力を超えたプロセスから生じてきているのだとしても、コストの多寡はあるにせよ、その選好を意図した方に変える行動がいまは可能であり、その意味で当該選好は現在自分のコントロール可能な範囲にある、という意味にもとれる。選好への責任についての第一の解釈が正しいとしよう。その場合は、自分の資源の取り分では、他人がその資源で可能になっているよりも少ない程度の選好しか充足できないので、資源の分配が増やされなければならないという推論はたしかに反駁される。とはいえ、この第一の解釈の下では、私たちが自分の選好に責任があるという主張は、まず確実に常に偽である。だが二番目の、より弱い解釈にたてば、私たちは自分の選好に対して責任があるという主張と、人々の充足し難い選好に対しても、少なくとも適切な対応策を今とれば他者と同程度の選好充足が達成できるだろうところまでは補償すべきであり、それが平等な分配の適切な基準なのである、という主張は両立する。

私たちは自分の選好に対し責任があるという主張に訴えた資源の平等の擁護には、さらにもう一つの解釈ができる。ひとびとが現状の選好を引き起こしたとか選好を変更できたというのではなく、自分の持つ根本的な選好は自分そのものであり、自己に押し付けられる異物などではなく自分自身のものであるとみなすという意味において、ひとびとはその選好に責任を有していると言える、と主張されるかもしれない。こうした趣旨でT・M・スキャンロンは、宗教的選好の例を挙げている。[*7] ある人が他の宗教的伝統ではなくある宗教的伝統の中で育ったということは、彼の人生全般における選好充足の見通しに影響を与えると予測できよう。しかしながら、無神論者やカトリックではなく原理主義的なプロテスタントとして育てられてきたこと（当然ながら個人のコントロール下にはない事柄）に対する補償を、平等な分配の名の下に要求するのは馬鹿げていると私たちは考えるだろう。宗教的自由という資源の公正な（平等な）分配が守られているのならば、諸個人が自分の宗教的育ちから見込まれる効用の量は、「特段公共政策の対象ではない[*8]」。

この宗教的選好への補償の例は入り組んでいるので、第2節で立ち戻ろう。ここでは次の点を注記しておけば十分である。すなわち、このような補償を平等の名の下に要求するのは不適切だと実際にわたしたちが判断する場合がたとえ存在するとしても、だからといって資源の平等が平等主義的理想の十分な表現であることになるわけではない。時に育ちにおけるそれも含めたひとびとの間の差異のせいで、

＊7　Thomas Scanlon, "Equality of Resources and Equality of Welfare: A Forced Marriage?", *Ethics* 97（1986）: 111-118、とくに pp. 115-117 を見よ。

＊8　Scanlon, "Equality of Resources and Equality of Welfare," p. 116.

資源の平等は役に立たないかもしれない。たとえば、〔前近代的な技術のみで生活する〕アーミッシュのような閉ざされた原理主義的宗教共同体で育った人が、後に信仰を捨てて都市に移り住んだとしよう。この人は、どうすれば普通の世俗的な選好が充足できるかが分からず困惑してしまうので、この世間知らずの元信者と世慣れた都市住民とを平等に扱うには、資源の平等を超えた特別の補償が必要になるかもしれない。この人の根本的な価値観が変わっていなかったならば、こうした補償は必要なかったであろう。私は実行可能な政策として補償を提案しているわけではない。選好充足を減少させるような育ちに対し補償金を要求するのは愚かしいとみなされる場合があるとしても、だからといって、ひとびとが自らのコントロール下にない事柄について責任があるとみなす（責任があるかのように行動する）のが、原理的に理にかなっていると示されるわけではないことを指摘しているだけである。この種の乖離を緩和しようとするいかなる政策も、罪のない親と監護権者を傷つけるであろうことは予想がつくし、そのダメージは分配的平等によって実現されうるいかなる利得によっても埋め合わされるべくもないだろう。このような理由からこうした場合、補償が政策として総合的には不適切だと誰もが考えるとしても、そうだからといって、（私たちが大切にしている複数の価値の一つである）分配的平等からする限りは、補償はなされるべきではないということにはならない。

最後に、自身の選好や価値観に対し、それらが自身の本質をなすものと認めるという意味での各人の責任を想定するとしても、なぜそのことが、分配的平等の名の下にそうした選好に対する補償を要求ないし承認することを排除するのか。これはまったく明らかではない。困窮し低い厚生にとどまっている二つの北米先住民の部族に対し、補助金を与える義務を政府が認めたとしよう。一方の部族は、ペヨーテから作られる幻覚剤を使った伝統的宗教儀式に強くコミットしており、もう一方は、別のサボテンで作るアルコール飲料を使う宗教的儀礼に同じくコミットしている。この違いを除けば、二つの部族にはたまたま何も違いはなかったとしよう。〔そして〕仮に、幻覚剤の市場価格が大きく急騰する一方でアルコール飲料が安価なままであるとした場合、儀礼費用が大きく増大した分を補償するため、平等の観点からは補助金の増額が要請される、と一つめの部族は主張するかもしれない。私の見るところ、かかる主張は、自分の選好を〔自己にとって本質的なものとして〕承認し、その意味で当該選好に個人的な責任を負うことと完全に両立する。

現実には、多くの法やその他の公共政策は、あまりに深く根付いていて、変更がもし可能であるとしても諸個人に多大なコストを要求し、非常に広く共有されているような選好と、たいていのひとがやろうと思えばほどほどのコストで変更可能であり、かつ人口のごく一部が抱く風変わりな選好とを大まかに区別している。通常、法や公共政策は〔むしろ〕前者を考慮に入れ、後者を無視している。たとえば、法は公の場での裸体に対するひとびとの深い嫌悪感については、それに対処すべく規制をしているが、趣味の悪い服の人が公共スペースをうろつくのを目にすることへの嫌悪感には対応していない。無論、現在のアメリカの法と政策は、資源ベースであれそうでないものであれ、なんらかの強い平等主義的理念を実現すべく設計されているわけではない。だが、わたしたちが実際にいかなる種類の平等を気にかけているのかを見定めようとして、現在の具体的実践の背後にある常識に訴える際、資源の平等が平等の理念をとらえているという主張の支持根拠をこうした実践のうちに求めるならば、ひどく戸惑うことになろう。わたしたちはさらなる探求を必要としているのである。

2　厚生の平等

厚生の平等によれば、分配によって各人が等しい厚生を享受する段階まで、集団の間で財は等しく分配される（したがってこの基準は厚生の基数的な個人間比較を前提にしている）。気にかけるべき分配の平等とは厚生の平等であるというアイディアは、7段落前の考察によってすでに片付けられている。〔だが〕この点を説得的に論じるには、この文脈で「厚生」が何を意味しているのかをはっきりさせるために、もっと多くのことを述べなければならない。

私は厚生を選好充足であると理解する。個人の選好がより多く充足されるほど、その選好の当該個人にとっての重要性によって重みづけられた分だけ、そのひとの厚生はより高くなる。個人の厚生の算出に組み入れられる選好とは、自己利害に関わるもの、つまり個人が自分自身の利益を追求する限りにおいて選好するものに限られる。ひとは何かをそれ自体のために選好するかもしれないし、さらなる別の目的のための手段として選好するかもしれないが、ここでは前者の種類の選好に議論を限定する。

厚生の測定指標（measure）として一番もっともらしいのは、仮想的な選好である。このよく知られた説明について考えよう。この説明によれば、人生がどれほど良いかとは、理想的考慮を経た彼の選好がどれだけ充足されているかである。[*9] 理想的考慮を経た私の選好とは、もしも私が自分の選好について、関連する完全な情報を持ち、冷静な心持ちで、明晰に思考し、推論の誤りを犯さずに徹底した熟慮を行ったとすれば有するであろう選好のことである（この理想的に考慮された選好は、「合理的選好」と呼ぶこともできる)。

わかりやすくするため、理想的考慮を経た選好に関連する情報を二つの段階にわけて考えるべきだろう。この二つの段階はそれぞれ、「最善の（first-best）」合理的選好と、「次善の（second-best）」合理的選好とに対応する。第一の段階では、理想的熟慮プロセスが導き出した結果に沿って現実の選好を修正するのになんら費用はかからない、という想定の下に、主体は選択に関係する完全情報を考えていると仮定される。第二段階では、(a)選好の合理性に関する助言に対する、現実の自分の抵抗感の度合い、(b)その抵抗感を克服するための教育プログラムに関する費用、(c)この教育プログラムに類するなにかしらが、実際に当人の人生で実行される見込みに関する情報をも併せて、情報を考えていると想像される。よってこの時、何を選好するのが合理的なのかは、これらの費用をも勘案して再計算される。たとえば、わたしの現実の善の構想においては、くだらない楽しみに対するお世辞にも立派とはいえない選好が大きな位置を占めているが、わたしの最善の合理的選好には、そのような選好の入る余地はないとしよう。だが、こうした褒められたものではないような選好が、私の性格特性に確固とした根を下ろしてしまっているのもたしかなのだとしよう。もしそうだとすれば、私の次善の選好は、現実の選好とその変容へ

＊9　例えば、*John Rawls, A Theory of Justice*（Cambridge, MA: Harvard University Press, 1971), pp. 416-424（川本隆史・福間聡・神島裕子訳『正義論（改訂版）』紀伊國屋書店、二〇一〇年); Richard Brandt, *A Theory of the Good and the Right*（Oxford: Oxford University Press, 1979), pp. 110-129; David Gauthier, *Morals by Agreement*（Oxford: Oxford University Press, 1986), pp. 29-38（小林公訳『合意による道徳』木鐸社、一九九九年); Derek Parfit, *Reasons and Persons*（Oxford: Oxford University Press, 1984), pp. 493-499（森村進訳『理由と人格——非人格性の倫理へ』勁草書房、一九九八年）を参照。

の抵抗感の度合いについての完全情報に照らし、理想的な仕方で自分の選好について熟慮したならば有する選好であることになる。もしあなたが私に誕生日プレゼントを贈ろうとしていて、かつ私の厚生をできる限り増進することだけが目標であるのなら、たとえ詩を読むことが私の最善の合理的選好を充足させるのだとしても、あなたは〔英国ロマン派の代表的詩人〕シェリーの詩集ではなく、安ワインのボトルでも贈るように助言されるだろう。[*10]

このような厚生の理解に立つなら、厚生の平等は好ましくない理想である。個人が異なった厚生のレベルに至ったのは、彼ら自身のみが責任を負うべき自分の選択のせいである、という場合があり得る。単純な例として、同一の嗜好と能力を持ち、分配的平等を保持する機関から平等な資源を与えられた二人を想像してみよう。そして二人は自発的に掛け金の高いギャンブルに手を出し、そのギャンブルでは一人は結果金持ちに（そして高い期待厚生に）、もう一人は貧困に（そして低い期待厚生に）至るのだとしてみよう。もう一つの例として、互いに似たような状況に置かれており、したがって同一の努力をすれば同一の厚生レベルを達成できるが、一人は自分の個人的厚生を熱心に追求する一方で、もう一人は高邁な選好（ex. 鯨の保護）を追求し、結果として自己利益の面ではより低い充足しか得られなかった場合のことを考えてみよ。三つ目の例として、一人は自発的に高価な選好を涵養し（それが取って代わる選好よりも認知的に優れているわけではないものとする）、もう一人はそうでない場合のことを考えてみよ。この三つの例すべてにおいて、厚生の不平等が、より低い厚生の保持者の自発的選択から生じている場合、厚生の平等を主張するのは不適当であろう。先述の三つの事例のすべてにおいて、そこで言及されているどの個人のどの行為や意図についても、それを非難する根拠は必要ないことに注意しよう。〔そもそも〕実践理性のいかなる命法も、わたしたちに対して、その生のすべてを（自己の利害に限定された）選好充足の最大限の追求に捧げよと命じはしない。以上のように生じた厚生の平等からの逸脱は、個人に帰すべき、または分配の平等を保持する責任があるものとして理解された「社会」に帰すべき、なんらかの過ちを示すものである必要はないのである。

このように考えていくと、厚生機会の平等を分配的平等の適切な基準とすべきであるという考えが浮かんでくるのである。

ここまでの議論に照らして、人生の期待選好充足全般に影響を与えたとみなされる宗教的な育ちへの補償という事例に立ち戻ろう。この事例は、厚生の平等の基準に対する帰謬法として主張される。というのも、厚生の平等からすれば、こうした差異は、分配的平等の名の下に人々の資源の取り分を分配しなおす正当な根拠を構成することになるが、そうした帰結は反直観的に思われるだろうからである。〔だが〕すでに述べたようにこの事例はトリッキーであり、この事例から直ちに資源ベースの分配的平等の解釈に飛びつくのは自制すべきなのである。二つのコメントが、このいくぶんかトリッキーなところを示してくれる。

第一に、もしある人が、合理性の理想に近いような熟慮に照らして自分の価値観を変えたとすれば、

＊10　この段落において、私はジェームズ・グリフィン（James Griffin）が“Modern Utilitarianism,” *Revue Internationale de Philosophie* 36（1982）: 331-375; esp. pp. 334-335 において注記した難点を解決しようと試みている。Amartya Sen and Bernard Williams, “Introduction” to *Utilitarianism and Beyond*, p. 10 も見よ。

新しい価値観を充足させることの方がいまや捨てられてしまった古い価値観を充足させることよりも価値があるのだ、という当人の確信をわたしたちは信じるべきだろう。古い価値観は合理的熟慮の結果からはより大きく外れたものだと推定されるがゆえに、その〔厚生にとっての〕重要性は割り引かれるべきなのである。私が仏教徒からヒンドゥー教徒に改宗し、新しい宗教的選好を古いそれよりも認知的に優れていると正当な考慮からみなしているとしよう。仮にそうだとすると、たとえ私の新たな宗教的価値観が、元の価値観よりも達成するのが難しいものであったとしても、ストレートな厚生の平等の基準は、私の厚生が低下すると算出しなければならないわけではないのである。

第二に、この事例は、主観主義的な平等の構想を一律に却下するのではなく、ストレートな厚生の平等に代えて厚生機会の平等を受容する動機を与えるかもしれない。もしスミスとジョーンズの間で厚生機会の平等が実現しており、その後ジョーンズが自身の厚生の展望を低くするような改宗を遂げたとすれば、わたしたちはジョーンズの改宗を自発的に選択された行為か、賢慮に欠けはするが彼が責任を負うべき行為のどちらかだとみなすだろう（次のような規範を考えよ――他の事情が同じであるかぎり、自発的選択でも自身の過ちによるものでもないのに、一部のひとの生が他のひとよりもうまくいっていないのは悪である）。こうした考えもまた、厚生機会の平等の検討への動機を与えるものである。

3　厚生機会の平等

機会とは、ある財を求めた場合にそれが得られる見込み（chance）である。ある集団の間に厚生機会の平等が成立しているためには、それがもたらす選好充足の見通しの点で、他の全員と同等の一連の選択肢が、各人の前に存在しているのでなければならない。この見積もりに関わる選好は、（それが最善の選好と異なっている場合には）理想的考慮を経た次善の選好である。成年に達し、様々なライフチャンスに直面している二人のひとを考えよう。二人が選ぶ可能性がある行為のそれぞれは、いくつかのあり得る帰結と結びついているものとしよう。最も単純なケースとして、主体がそれを導くような行為を選択した場合の各帰結の確率をわたしたちが知っていると想定しよう。なんらかの選択がなされ、なんらかの結果が生じたならば、また別の一連の選択肢がそのひとの前に存在することになり、また同様のことが続いていく。ある個人の可能な完全なライフヒストリーを表現する意思決定ツリー（decision tree）ができあがる。そしてその可能なライフヒストリーのそれぞれについて期待選好充足を付け加える。こうして各意思決定時点において、特定の選択肢群に直面していることについての、ひとびとが有する選好を考慮に入れることができる。ひとびとの間に厚生機会の平等が成立するのは、全員が等価な意思決定ツリーを有する――各人にとって最善の（＝最も賢慮に満ちた）[*11]、次善の、…n番目の選択の期待価値が同一であるような場合である。ひとが直面する機会は、それが与える厚生の見通しによって順位づけられる。

*11　ここで最も賢慮に満ちた選択を、人生全体の期待選好充足を最大化するような選択と同一だとすることはできない。というのも、選好の変化から生じる複雑さがあるからである。私が念頭に置いている賢慮的選択は各人の現実の選好と結びついているが、ここではその結びつき方については詳述しない。

右の厚生機会の平等の基準はまだ完全ではない。ひとびとは、上のような同等の一連の選択肢を前にしつつ、しかしながらそれらの選択肢にどれほど気づいているかという点、それらを合理的に選ぶ能力の点、選んだ選択肢を実行し続ける性格の強さの点などで互いに異なっているかもしれない。さらなる条件が必要である。次のように約定することでこれらの諸条件をまとめよう。以下のうちの一つが真であるような場合にかぎり、ひとびとは実質的に同等の選択肢を前にしていると取り決めよう。すなわち、⑴選択肢が同等かつ、それらの選択肢に対して「うまく対応する」能力の点で等しい、あるいは⑵選択肢は同等ではないが、ちょうどその不均衡を帳消しにする分だけ、ひとびとの間にはうまく対応する能力に差がある、あるいは⑶選択肢が同等かつ、うまく対応する能力に差があるものの、それは諸個人自身に個人的責任を負わせるのがふさわしいような原因によるものであるような場合である。厚生機会の平等は、すべてのひとが実質的に同等の選択肢を有している場合に成立する。

　ある時点で二人の個人が等しい厚生機会を享受しているか否かは、彼／彼女らがその時点で実質的に同等の一連の選択肢を前にしているか否かのみに依存する。スミスとジョーンズが月曜日には等しい厚生機会を有していたが、火曜日に、スミスの自発的選択あるいは不注意な振る舞いによって、それ以降はジョーンズの方がより大きな厚生機会を有することになったとしてみよう。ひとびとがどこかの時点で等しい厚生機会を有し、かつ、以降の厚生機会の不平等が自発的選択あるいは個人の責任に帰すのが正当な不注意な振る舞いに起因するような場合にかぎり、ひとびとは拡張された意味で平等な厚生機会を有していると言うことができるだろう。

　この拡張された意味での厚生機会の平等をひとびとが享受している場合、ひとびとが到達したそれぞれの位置において現実に生じている厚生の不平等は、いずれも各人のコントロール可能な諸要因に由来するものであることになる。よって、かかる〔厚生の〕不平等は、分配的平等の見地からは問題にはならないだろう。〔ただし〕厚生機会の平等という基準が厚生の平等と異なったものであるのは、なんらかの〔自由意志の議論における〕ソフトな決定論か非決定論が正しい場合に限られる。もし完全な決定論が真であるならば、平等に関するこの二つの解釈は同一のものとなる。

現代的な状況における政治生活の実態に照らせば、異なる個人が有する厚生機会のレベルを正確に特定するために知っていなければならないであろう事柄について、分配機関はびっくりするほど無知であるだろう。必要となる情報を収集するのは技術的に実行不可能か、物理的に不可能である場合さえある。また、権限濫用への懸念から、必要な情報を収集する権威としての政府が信頼されていないという場合もある。だがそれでも、厚生機会というアイディアは原理的には明確であるし、実際にもしばしば、あるひとびとは他者に比べて非常に暗い厚生の見通しを有しているといったような、大雑把だが信頼できる判断を下すことは実行可能であると思われる。

基本財の平等な割り当てというロールズ主義者による分配的平等の構想および資源の平等というドゥォーキン主義者の構想のメリットと、厚生機会の平等の基準を比較する際には、わたしたちは次のような問題にぶつかることになる。すなわち、現実世界では、市民と政策決定者は不完全な情報しか利用できないし、どんな基準が採用されたところで市民も公職者もそれを忠実に実行する意欲を不完全にしか持ち合わせていない。このことを前提にすると、これらの相対立する原理の実践的含意は見分け難いものであるかもしれず、また実際には大差ないものとなるかもしれない。情報の収集と利用に関するお馴染みの諸問題のせいで、わたしたちは、個人の選好充足の見通しに基づいて分配上の取り分を決定する権限を政府機関に与える気にはならないだろう。よって、そうした選好充足の見通しは実際には知り得ないことが多いのである。計測不可能な厚生主義的平等のおおまかな代理変数として、政府は基本財の平等な分配や資源の平等を重視すべきなのだ、と主張されるかもしれない。平等についてのこれらの競合するドクトリンに対するわたしたちの忠誠を試すには、実際に厚生の見通しと厚生機会について十分に情報を有しているような現実ないし仮想の設例を考え、そして、どういうものが平等主義的政策と言えるかについてのわたしたちの判断がかかる情報によって左右されるかを考える必要があるだろう。また、資源ベースの基準の一方が、厚生平等の代理変数として、想定したであろうよりも著しく不正確であり、いまのところ検討の俎上に上っているもう一つの資源ベースの基準よりももっと正確でないと言える、新たな証拠となる事例を考える必要もある。これらの考慮によって〔意見が〕動かされないならば、それは分配的平等の資源主義的解釈を、単に大雑把だが手っ取り早くて便利な近似としてではなく、原理的な意味で支持していることを示すものとなるだろう。

4　ストレートな平等 vs. 機会の平等：厚生 vs. 資源

ここまでの議論は二つの独立した区分を探求するものであった。すなわち、(1)ストレートな平等対機会の平等、そして(2)分配の取り分を測定するのに適した基礎としての厚生対資源〔という区分〕である。したがって考察すべき立場は四つあることになる。厚生と資源のどちらを適切な分配的平等の基準とみなすべきかという問題について平等主義者は、たとえば単に資源機会の平等をストレートな厚生の平等と比較するというのではなく、類似のもの同士を比較査定することが大切である（私見では、ロナルド・ドウォーキンの「平等とは何か」における二部構成の議論はまことに素晴らしいのだが、その唯一の難点は、これら四つの異なる立場に明確な焦点を当て損ねたところにある）[*12]。

ストレートな平等よりも機会の平等を支持する議論は、単純に、自発的選択の予見可能な結果、とりわけ結果のうち自身の厚生の達成ないし自身の資源の増減にかかわる部分に対しては個人が責任を負うのが道徳的に適切であるというものである。〔だが〕これを受け入れたとしても、わたしたちが平等主義者として、厚生機会の平等と資源機会の平等のいずれを支持するべきかは完全に未決のままである。

資源機会が平等であるためには、各人に与えられる、当たれば資源が賞品としてもらえるくじのようなもののセットが実質的に同一でなければならない。ある二人のひとに与えられるくじのセットが実質的に同一であるといえるのは、一番目の人が入手できるすべてのくじについて、二番目のひとが同等の努力で入手できる同一のくじが存在しているような場合である（したがって仮に、金銭が当たるくじを、

＊12　注2で引用した諸論文を参照。資源の平等についてのドウォーキンの説明は複雑であるが、その詳細に立ち入らずとも、ドウォーキンが論じているのは、私が「資源機会の平等」と呼ぶものの一つのヴァージョンであることは見て取れると思われる。いかなる名前を選ぶかはそれ自体としては全く問題ではない。だが、ドウォーキンが厚生機会の平等と競合するドクトリンを完全に無視してしまっていることで、混乱が生じてしまっているのである。平等の厚生主義的構想に対するドウォーキンの反論に関する、この混乱以外の点からの批判については、拙稿“Liberalism, Distributive Subjectivism, and Equal Opportunity for Welfare.”の参照を乞いたい。

スミスは通りを渡れば入手できるのに、ジョーンズは同等のくじを砂漠を渡る長時間のハードな旅の末にしか入手できないのだとすれば、このとき彼らの資源機会は不平等である）。ある時点でひとびとの資源機会が平等であり、その後の資源機会の不平等はどれも自発的選択ないし、自分に責任があると考えるのが正当であるような過失に起因するものである場合、広い意味での資源機会の平等が実現していると言ってよいだろう。

ここで提示した資源機会の平等が、この概念の唯一の妥当な解釈であると主張するつもりはない。しかしながら、いかなる妥当な解釈に立っても、資源機会の平等の基準は、資源の平等にとって厄介であることが証明されている「才能あるものの奴隷化」問題に対し脆弱である。個人的才能が（第1節で示された理由により）分配さるべき資源に含まれるとすれば、資源ベースのアプローチは、高い能力を持つ人の厚生の見通しをより低い能力しかない人のそれよりも低いものにしてしまい不公正である（ように思われる）――資源の平等の体制から資源機会の平等が実行される体制へと移行したとしても、この点に変わりはないのである。[*13] もし才能に格差があるものたちの間で資源機会が平等に分配されたとすれば、その場合各人は生まれながらの資質にかかわらず、資源くじに対する同一のアクセスを有し、一定の時間的部分としての全員の労働力もその資源に含まれる。各人が期待できる才能の所有の程度は、彼がそれを求めるとして、等しいものになるだろう。他の事情が等しい限り、もし全員が個人の自由、すなわち自分の生涯労働力の最初の所有権者となることを強く望んでいるのであれば、かかる財は才能あるものにとっては奢侈品であり、才能なきものにとっては低廉な見切り品であることになろう。

ここまでの理路へのありうる反論として次のようなものがあるだろう。すなわち、以上は資源の取り分をどのように測定すべきかについての曖昧な観念に依拠しており、それは才能の奴隷制問題に逆戻りしてしまうというまさにその点によって疑わしいことが示されているのだ、と。個人の自由を別個の資源であると考えることによって、ひょっとするとこの帰結を回避できるかもしれない。だがこの反論の他の難点を脇に置くとしても、資源の平等のいかなる基準も、それが厚生の分配の点で受け入れがたい帰結を導くのであれば受け入れられないものであるにちがいない、と想定するのは、裏口から厚生主義的基準を密輸入していることになろう。

資源機会の平等がもつ厚生の分配への含意が直観的に受け入れられないものとされるのは、機会の平等の資源主義的解釈が執行する才能の共有化によって充たされたり充たされなかったりするような選好は、ひとが自発的に選んだものと考えることはできないという想定に立った場合のみであることに注意しなければならない。もちろん、ひとは特定の身体にうまれついておりその身体はそのひと自身とは切り離せないのだから、もし他人がそのひとの労働力に対して所有権をもつのであればそのひとの個人的自由は毀損される。これらのことはまさしく非自発的な事柄である。だが原理的には、自己利益に関する選好は、他人の身体に関わるものでないことも可能であるのと同様に、自分の身体に関わるものでないことも可能である。あなたが、隣人が農業に従事することに対する強い自己利益的切望を持っている一方、自分自身の追求する職業に関してはそれよりも弱い欲望しか持っていない場合、才能の共有制の

＊13　ローマーは、高い能力を有するものは個人的自由に対する非自発的な高価な嗜好によって苦しめられていると記している。Roemer, "Equality of Talent" を参照せよ。

もとであなた自身の労働力が奢侈品であるという事実は、そうした欲求の程度によってはあなたの厚生に悪影響を与えないだろう。〔しかし〕経験的には、現代社会において個人が自身の個人的自由を保持することを気にかけているか否かが、あれこれの選好についての当人の自発的選択の結果であるという主張は、端的に誤りであると私は思う。才能ある者の個人的自由への高価な選好は、ひとが自発的に涵養したかもしれないようなタイプの高価な選好と同一視することはできないのである。[*14]〔こうした〕妥当な経験的前提に立って厚生機会の平等は、しばしば〔ひとびとの〕嗜好を補償可能なものと考えるだろうし、そこには、才能ある者の、自身の労働力を随意に用いる自由への嗜好も含まれるだろう。したがって厚生機会の平等の下では、高い能力に生まれついたことは呪わしいことにはなり得ないのである(祝福すべきことにもなり得ないが)。

5　センの潜在能力アプローチ

私が支持する厚生機会の平等としての平等の解釈は、近年アマルティア・センによって擁護されている「潜在能力」アプローチに類似している。[*15] ここで、センによるロールズの社会的基本財という基準への批判を簡単に素描しそれを支持したうえで、センと厚生主義者になお残る対立点を示唆しておきたいと思う。

社会的基本財というロールズの提案は、社会が一定の基本的な社会資源の分配に従事するべきだとするものであり、よってロールズの立場は、人々の生活水準の測定についての資源ベースの理解の一種であると言える。センは、資源の分配は、客観的重要性ないし価値を有するとされる諸機能の潜在能力への寄与によって評価されるべきだと主張する。すなわち、重要なのはひとが得た食料ではなく、それが栄養面でのニーズに対してもたらす寄与なのであり、与えられた教育費ではなくそれが知識と認知的スキルに対してもたらす寄与なのだというわけである。センは、指標としての社会的基本財を基礎的なものと考えることに反対する。というのも、社会的基本財を重要な機能の潜在能力へと変換する割合は、ひとによって非常に大きく異なるからである。当然ながら、わたしたちが資源の割り当てを気にするのは、その資源割り当てによって可能になる状態やできる行為を気にかけるからであり、平等を気にかける場合に、わたしたちが関心をよせるべきは後者である。

以上の点に私も同意する。さらに、センは、個人が達成する行為や状態、すなわち「機能(functionings)」に個人の福利を同定し、これらの諸機能は個人の機能への潜在能力すなわち「福利の自由(well-being freedom)」とは区別されるとするのである。[*16] そうだとすれば潜在能力の平等は機会の平

＊14　ロールズは次のように書いている。「…より高価でない嗜好を持つ者たちは、おそらく自分の人生における好き嫌いを、適理的に期待し得る収入と財産に合わせて調整したのである。よって他者を彼らの短見やだらしなさの帰結から救ってやるために、そうした者たちが今よりももっと少なく持つべきであるというのは不公正であると思われる」"Social Unity and Primary Goods," p. 169を参照せよ。

＊15　Amartya Sen, "Well-being, Agency and Freedom: The Dewey Lectures 1984," *Journal of Philosophy* 82（1985）: 169–221; esp. pp. 185–203. Sen, "Equality of What?", in his *Choice, Welfare and Measurement*（Oxford: Basil Blackwell, 1982）, pp. 353–369（大庭健・川本隆史訳『合理的な愚か者——経済学＝倫理学的探求』勁草書房、一九八九年）も参照せよ。

等の系譜に属する観念であり、私が擁護しようと試みてきた厚生機会の平等もまたこの系譜に連なるものである。よって、大部分において私はセンに賛成である。

だが、ひとが行えることや達成する状態には、無限に多くの種類がある。そうだとすれば、ある個人のさまざまな潜在能力スコアがどのようにして総合的な指標へと集計されると考えるのだろうか。もしそのような指標を構築できなければ、潜在能力の平等は、分配的平等の構想の候補としての資格を満たさないことになろう。指標化をめぐる問題はロールズの基本財案を悩ませるものとして知られているが、これはセンの潜在能力アプローチを苦しめるものでもある。[*17]

センは指標化問題を認識しているが、それに煩わされてはいない。「福利、主体性、自由」についての彼の講義における大きなテーマは、情報的価値多元主義である。たとえそのせいで原理の表現が複雑になり、すべての可能な情況における可能な代替行為の間に完全な順序付けができるような原理のセットが排除されてしまうのだとしても、わたしたちは原理に行為選択や政策選択に関連性のあるすべての道徳的情報を組み込むべきなのである。「不完全であることは恥ずかしいことではない」とセンは言う。[*18]意思決定の原理が道徳的に重要な事情を無視すべきではないのはその通りだが、自分の地位の評価にとって機能的潜在能力の完全な集合が重要であるというのは私には疑わしい。南極まで歩いていける潜在能力や、〔ロシアの〕オムスクで一番高いレストランで食事ができる潜在能力や、隣家の犬の体のかゆみがその日の最高潮に達したまさにその瞬間に彼の体を掻いてやれる潜在能力が、私の潜在能力群のうちに含まれていようといまいと、そんなことは私にとって毛ほども重要ではない。というのも、私はこれらのうちのどれ一つとして、またその他無数のことどもについても、それをしたいと思ってもいないし、今後自分がそれをしたくなると予期すべき理由も一切ないからである。おそらく、私の機能への潜在能力のうちの小さな部分集合のみが道徳的評価にとって重要性を持つのである。だがどれがそうなのだろう。

潜在能力に対する（理想的考慮を経た）当人の選好以外に、潜在能力の有する価値を判断できる客観的根拠があるのかは疑われて良いだろう。本人が完全な合理的熟慮の上で取るに足らぬと考えているにもかかわらず、ある潜在能力を持つことは彼女にとって価値があるのだと主張するどんな根拠があるのだろうか。もしある人がある潜在能力を有していることが、それに関するその人自身の選好とは独立の根拠によって価値があると思われるのであれば、この余分な価値付けは、いまのところは詳細がきちんと述べられていない卓越主義的ドクトリンのようなものの適切性を前提にしており、それがまだ擁護されていないのはもちろん、私見では擁護し得ないように思われる。[*19] そのような卓越主義の擁護がなされ

＊16　"Well-being, Agency and Freedom," p. 201を見よ。

＊17　Allan Gibbard, "Disparate Goods and Rawls' Difference Principle: A Social Choice Theoretic Treatment," *Theory and Decision* 11 (1979): 267–288、とりわけ pp. 268–269 を見よ。

＊18　Sen, "Well-being, Agency and Freedom," p. 200.

＊19　しかしながら、分配的平等に対する選好充足アプローチを詳述するには、健全な選好形成についての、それ自身は選好をベースとしていないような規範的説明が必要である。卓越主義的要素は、したがって、広義の厚生主義的平等主義のうちのあるものにとっては必要とされるかもしれない。かかる理由により、その保持者の価値付けによるのではない、ある潜在能力の価値の可能性についての問題をあまりに拙速に断念するのは誤解を招くだろう。さまざまな潜在能力の発展と行使は、健全な選好形成の重要な一側面であるかもしれず、そして、個人の選好充足の見通しにおいてはまったく登場しないにもかかわらず、

ていない以上、厚生機会の平等は、分配的平等の魅力ある解釈であるように思われるのである。

その意味でそれらは価値を有するのかもしれないのである。

第3章　平等の要点とは何か[*]（抄訳）

エリザベス・アンダーソン
森悠一郎訳

もし平等を擁護する昨今の学術的著作が、実は秘かに保守主義者によって書かれていたとしたら、これ以上に恥ずべきことが平等主義者にとってありえようか。こういった著作のうちでどれだけ多くのものが、保守主義者からの典型的かつ破壊力のある批判に対して無防備であるかに思いを馳せてほしい。ロナルド・ドウォーキンは平等を「羨望のない（envy-free）」資源の分配として定義している。[*1] これによって、平等主義的な政策の背後にある動機は単なる嫉妬ではないのかという疑念が駆り立てられる。

＊　私はルイーズ・アントニー、スティーブン・エヴァーソン、アラン・ギバード、マーク・ハンセン、ドン・ヘルツォーク、デービッド・ヒルズ、ルイス・ローブ、マーサ・ヌスバウム、デービッド・ヴェルマン、そして本論文の元となった旧稿を私が発表したノースカロライナ大学とシカゴ大学の参加者の方々に感謝を申し上げます。ノースカロライナ大学チャペルヒル校の第31回哲学コロキアムにおいて洞察に富んだコメントをしてくれたエイミー・ガットマンには、特別の感謝を申し上げます。

＊1　Ronald Dworkin, "What Is Equality? II. Equality of Resources," *Philosophy and Public Affairs* 10（1981）: 283-345, p. 285.〔小林公・大江洋・高橋秀治・高橋文彦訳『平等とは何か』木鐸社、二〇〇二年の第2章に収録。〕

フィリップ・ファン・パリースによれば、平等は、善の構想間におけるリベラルな中立性と結びついて、五体満足にもかかわらず働こうとしない怠惰なサーファーでさえも扶助せよと国家に要請する。[*2] このような主張は、平等主義者は無責任を擁護し、怠け者の働き者への寄生を助長するという非難を招いてしまう。リチャード・アーネソンによれば、市民がしなければならないと感じている極端に費用のかかる宗教的儀式に対して、一定の条件のもとで国家が助成することを平等は要請する。[*3] G・A・コーエンによれば、悲観的な気質の人々、あるいは陳腐な趣向ではいかんともしがたく退屈してしまうために高価な娯楽でしか満足できない人々に対して、われわれが補償をすることを平等は要請する。[*4] これらの提案は、公権力行使のしかるべき限界に平等主義者は無頓着だ、単なる私的な目的のために他者への強制を許してしまうという異論を勢いづけてしまう。ファン・パリースによれば、婚姻する権利の平等を公正に実現するためには、例えば男性の数が不足している場合、すべての女性のためにプールされた配偶者候補の独身男性に対する同等かつ売買可能な引換券が与えられるべきで、彼女たちはパートナーシップの権利全体に対して値を付けなければならない。それにより、勝ち組新婦たちから恋愛の負け組に対して補償として富の移転が実施されるべきであると。[*5] このような提案は、平等主義者はありとあらゆる不公正と目されるものを是正しようとすることを通じて、われわれのプライバシーを侵害し、家庭生活の核にある愛や愛情といった個人的な紐帯に負荷を課してしまうという異論を傍証してしまう。

左派は、保守主義者やリバータリアンに劣らず、昨今の学術的な平等主義的思想における潮流に当惑させられるべき理由がある。まず第一に、昨今の学術的な平等主義者が特に注目してきた人々——日がな一日浜辺で遊び暮らすような人々（beach bums）や、怠惰で無責任な人々、質素な娯楽ではどうにも楽しめないような人々、宗教的盲信者——を考えてほしい。トマス・ネーゲル[*6]やG・A・コーエンは、愚鈍であったり才能がなかったり不機嫌であったりする人々を平等主義的な配慮の恩恵を受ける人の好例とするにあたり、幾分かより同情的だが同時により憐れむべき者としてその人物描写を行っている。政治的に抑圧されている人たちへの関心はどうなってしまったのか。人種やジェンダー、階級、カーストにおける不平等についてはどうなのか。国家主義的なジェノサイドや奴隷制、民族的従属の犠牲者への関心はどこへ行ってしまったのか。

第二に、ほとんどの昨今の平等主義的な立論によって示される論題は、所得や資源といった分割可能で私的に割り当てられた財や、福祉給付といった私的に享受される財の分配に、あまりに狭く焦点を当てすぎている。これによって、現実の平等主義的な政治運動におけるもっとはるかに広範な論題が無視

＊2　Philippe Van Parijs, "Why Surfers Should Be Fed: The Liberal Case for an Unconditional Basic Income," *Philosophy and Public Affairs* 20 (1991): 101-31.

＊3　Richard Arneson, "Equality and Equality of Opportunity for Welfare," in *Equality: Selected Readings*, ed. Louis Pojman and Robert Westmoreland (New York: Oxford University Press, 1997), p. 231.〔本書第2章〕

＊4　G. A. Cohen, "On the Currency of Egalitarian Justice," *Ethics* 99 (1989): 906-44, pp. 922-23, 930-31.

＊5　Philippe Van Parijs, *Real Freedom for All* (Oxford: Clarendon, 1995), p. 127.〔後藤玲子・齊藤拓訳『ベーシック・インカムの哲学——すべての人にリアルな自由を』勁草書房、二〇〇九年〕

＊6　Thomas Nagel, "The Policy of Preference," in his *Mortal Questions* (Cambridge: Cambridge University Press, 1979), pp. 91-105.〔永井均訳『コウモリであるとはどのようなことか』勁草書房、一九八九年〕

されてしまう。たとえばゲイやレズビアンの人々は、恥や暴力の恐怖なしに自らの性的志向を隠すことなく公共の場に出る自由、婚姻してその恩恵を享受する権利、そして養子縁組し子供を養育する権利、これらを求めている。障害者は、公共スペースの作り方がいかに障害者を排除し周縁化してきたかを指摘するとともに、障害者を愚かで無能でみじめな人とみなす屈辱的なステレオタイプに対して抗議の運動を起こしてきた。したがって、平等主義的問題意識および論題設定という二つの点で、昨今の平等主義的な著作は目下の平等主義的な政治運動から奇妙なほど乖離しているように思われる。

いったい何がいけなかったのだろうか。私はこれらの問題が、平等の要点についての理解に欠陥があることから生じていると論じようと思う。昨今の平等主義的な著作で支配的なのは、平等の根本的な目的とは、生来の劣った資質、劣悪な親、気難しい性格、事故や病気による苦難など、これら値しない不運を補償することにあるという見解である。森羅万象の不正義（cosmic injustice）と考えられているものを是正することに焦点を当てることで、昨今の平等主義的な著作は、平等主義がもつ政治特有の目的を見落としてしまっているということを私は論じようと思う。平等主義的正義がもつ真の消極的目的とは、人間社会から所与運（brute luck）の影響を取り除くことではなく、抑圧（定義からして抑圧は社会的に押し付けられたものである）を終わらせることである。平等主義がもつ真の積極的目的とは、すべての人がその道徳的に値するものを手にすることを保証することではなく、人々が他者と平等な関係に立てるような共同体を創造することである。

私は本論文において、平等の要点についてのこれら二つの構想の含意を比較しようと思う。第一の構想は、根本的な不正義とは運の分配における自然な不平等のことだとみる構想で、この立場を「運平等主義（luck egalitarianism）」ないしは「運命の平等（equality of fortune）」と呼ぶことができる。運命の平等主義的理論なら満たさなければならないもっとも根本的なテスト——すなわち、その原理がすべての市民に対して等しい尊重と配慮を示していること——に合格できない、このことを私は論じようと思う。運命の平等は三つの点でこのテストに合格しえていない。第一に、運命の平等は、自らの落度であるという一見もっともな根拠に基づいて、一定の市民を自由の社会的条件を享受することから排除してしまう。運命の平等がこの問題を回避できるのは、パターナリズムに陥るという犠牲を払うことによってのみである。第二に、運命の平等によれば、市民が互いに対して権利を主張できるのは、一定の人々が自らの生や才能、個人的な資質の点で他者よりも劣っているという事実に基づく。それゆえ、そこから導き出される原理は、気の毒にも劣等であると国家によって烙印を押された人々に対して屈辱的な憐れみの態度を示してしまうとともに、幸運な人から不運な人へ財を分配する根拠として羨望をも擁護してしまうのである。そのような原理は不運な者にスティグマを与えるにとどまらず、どうして羨望が幸運な人に義務を課しうるのかについて示せないがゆえに、幸運な人さえも尊重していない。第三に、運命の平等は、人々が自らの選択に対して責任を負うことを確固たるものとするために、人々の責任を行使する能力について屈辱的で押しつけがましい判断をなし、彼らに対し彼らの自由がどのように使われるべきかを実質的に指図する。

私が擁護しようとする理論は「民主的平等論（democratic equality）」と呼ぶことができる。対等なる人（equals）からなる共同体を構築しようとするにあたって、民主的平等論は分配の原理を等しい尊重を示すという要求と正しく調和させる。民主的平等論はすべての遵法的な市民に対して、彼らの自由に必要な社会的条件への実効的アクセスを常に保証する。民主的平等論はこのような保証を確保するために求められる分配を、民主的な国家における市民の責務に訴えることで正当化する。そのような国家においては、市民は互いに対する権利主張を、他者と比べた劣等性ではなく、他者との平等によってなすのである。国家を建設するにあたっての市民の根本的な目的は全員の自由を確保することなのだから、民主的平等論の分配原理は人々に対して自らの機会をどのように行使するかについて差し出がましく口を出すことも、不幸な結果にいたる選択に対して人々がどの程度責任を負うかについて判断を試みることもしない。その代わりに、民主的平等論は社会が集合的に提供する財の範囲を制約するとともに、諸個人に対して自らの所有するその他の財について責任を負うことを期待することによって、無思慮な人のせいで財政が破たんすることを回避するのである。

1　運命の平等としての正義

リチャード・アーネソンによる次の一節は、私が批判しようとする正義構想をうまく表現している。「分配的正義の関心は諸個人の不運に対して補償することにある。ある人々は幸運に恵まれており、またある人々は不運に苦しめられているところ、われわれの知るかぎりの人間生活を構成する諸々の運から生じる善いものと悪いものの分配を変えることは、社会——すなわち集合体としてのわれわれ全員——の責任である。〔中略〕分配的正義は、幸運な人は運によって得たもののいくらかないしはすべてを不運な人に移転するべきであると要求しているのである」[*7]。このような正義構想はジョン・ロールズの著作にまでさかのぼることができ、[*8] 彼に（私見によれば誤って）帰せられてきた。運命の平等は今や、リチャード・アーネソンやG・A・コーエン、ロナルド・ドゥウォーキン、トマス・ネーゲル、エリック・ラコウスキ、ジョン・ローマー[*9]を含むそれを擁護する理論家の顔ぶれによって示されるように、平等主義者の間で支配的な理論的立場の一つとなっている。フィリップ・ファン・パリースもまたこのような原理を彼の資源ないしは資産の平等論に組み入れている。運平等主義は二つの道徳的前提に依拠している。すなわち、人々は値しない不運に対して補償されるべきであるということと、その補償は他者の値しない幸運の部分のみからなされるべきであるということである。

　運命の平等の魅力の一部はその一見した人道主義的な印象からくる。良識ある人々は他者が何のしかるべき理由もなしに苦しんでいる——たとえば、子供が飢餓で死にそうになっている——のを目にしたとき、より幸運な人が手を差し伸べることは義務であると考える傾向にある。運命の平等の魅力の一部は、自らの遺伝的な資質や、自らの親や自らの生まれた場所といった出自の偶然に対してだれも〔選択

＊7　Richard Arneson, "Rawls, Responsibility, and Distributive Justice," in *Justice, Political Liberalism, and Utilitarianism: Themes from Harsanyi*, ed. Maurice Salles and John A. Weymark（Cambridge: Cambridge University Press, in press）.

＊8　John Rawls, *A Theory of Justice*（Cambridge, Mass.: Harvard University Press, 1971）, pp. 100–104.〔川本隆史・福間聡・神島裕子訳『正義論（改訂版）』紀伊國屋書店、二〇一〇年〕

＊9　Thomas Nagel, *Equality and Partiality*（New York: Oxford University Press, 1991）, p. 71; Eric Rakowski, *Equal Justice*（New York: Oxford University Press, 1991）; John Roemer, "A Pragmatic Theory of Responsibility for the Egalitarian Planner," in his *Egalitarian Perspectives*（Cambridge: Cambridge University Press, 1994）, pp. 179–80.

したわけではないので」値しないという、明らかに正しい主張の説得力からきている。このような主張は、自らの遺伝子や社会的環境に恵まれた人々による、そのような幸運から一般に生じる便益のすべてが本人に保持されるべきであるという主張の正当性を弱めるように思われる。運命の平等の魅力についてのこれらの本来の源泉に加えて、運命の平等の擁護者は、保守主義者やリバータリアンがかつての平等主義者に対してなしてきた多くの手ごわい反論に対して応答することを通じて、平等主義の支持基盤を築こうとしてきた。

平等に対する次のような常套的な反論を考えてほしい。二人の人間が真に平等であることなどないから、平等の追求は徒労に終わるという批判がある。諸個人の間での才能や目的、社会的アイデンティティ、環境の多様性によって、ある領域における平等を達成しようとすると、他の領域における不平等を不可避的に生み出してしまう。[*10] 人々に等しい額のお金を与えたところで、賢い人は賢くない人よりも多くの幸福を得るだろう。昨今の平等主義者は、平等が望ましいとされる適切な領域を定めるという問題に細心の注意を払うことによって、これらの非難に対して効果的に応答してきた。平等主義者が関心を向けるべき領域が定められ、その帰結としての他の領域における不平等が受容可能であることが示されれば、平等は実行可能な目的となるのであると。他の批判者たちは、平等の探求は不経済であると非難する。なぜなら、等分割できない財についていえば、ある人々が他の人々よりも多くもつことを認めるより、廃棄してしまえというだろうからだ。[*11] さらに悪いことに、平等の探求は、全員を同じ高い水準に引き上げることができないときには、人々の才能の水準低下（levelling down）を求めてしまいうると。[*12] 昨今の平等主義者は平等についてのレキシミン（lexmin）基準を採用することで、不平等が最も不遇な人に利益となる、ないしはもっと譲歩して、彼らを害さないかぎりにおいて許容している。[*13] それゆえ彼らはとても裕福な人々の間における所得格差にはあまり気にかけていない。運命の平等の支持者の多くは、強い自己所有権原理もまた受容しており、それゆえ人々が自らの才能を発展させようとする選択に介入したり、それらの才能を強制収用したりすることを強く非難している。[*14]

功績、責任、市場といった理想に基づいた平等への批判に対して、運平等主義は最も敏感に応答してきた。平等の批判者たちは、平等主義者は財をそれに値する人から取り上げてしまうとして反対している。[*15] これに対して運命の平等の支持者は、自分たちは幸運な人から彼らの利得のうち、みながそれに値しないと考えるような部分だけを取り上げるのだと応答する。〔平等から〕恩恵を受ける側についていえば、平等主義は人々の個人的な選択とは関係なしに〔平等な〕結果を保証するため、平等主義は個

＊10　Friedrich August von Hayek, *The Constitution of Liberty* (Chicago: University of Chicago Press, 1960), p. 87.〔西山千明・矢島鈞次監修、気賀健三・古賀勝次郎訳『ハイエク全集Ⅰ-5〜7　自由の条件Ⅰ〜Ⅲ』春秋社、二〇〇七年〕

＊11　Joseph Raz, *The Morality of Freedom* (Oxford: Clarendon, 1986), p. 227.

＊12　Robert Nozick, *Anarchy, State, and Utopia* (New York: Basic, 1974), p. 229.〔嶋津格訳『アナーキー・国家・ユートピア——国家の正当性とその限界』木鐸社、一九九五年〕

＊13　G. A. Cohen, "Incentives, Inequality, and Community," in *Equal Freedom*, ed. Stephen Darwall (Ann Arbor: University of Michigan Press, 1995), p. 335; Van Parijs, *Real Freedom for All*, p. 5.

＊14　Arneson, "Equality and Equal Opportunity for Welfare," p. 230〔本書第2章〕; Dworkin, "Equality of Resources," pp. 311-12; Rakowski, p. 2; Van Parijs, *Real Freedom for All*, p. 25.

＊15　P. T. Bauer, *Equality, the Third World, and Economic Delusion* (Cambridge, Mass.: Harvard University Press, 1981).

人の責任を掘り崩してしまうと抗議している。[*16] それへの応答として、運平等主義は結果の平等から機会の平等という正義構想へと立場を移している。彼らは単に、厚生への機会の平等もしくは優位性へのアクセスの平等のもとで、または資源の平等のもとで、人々は人生を歩み出すべきだと要求するにすぎない。[*17] しかし彼らは、成人の自発的な選択から帰結するいかなる不平等も正義にかなっているとして受容する。運平等主義者はすべて、個人が責任を負う（すなわち、その個人の自発的な選択から帰結する）結果と、責任を負わない（つまり、その個人の選択ないしは適理的に予見できたこととは独立に起こったよい／悪い）結果の間の区別に重きを置いている。運平等主義はこれを「選択運（option luck）」と「所与運（brute luck）」の区別と呼んでいる。[*18]

それゆえその帰結としての運命の平等の諸理論は共通の核心を有している。すなわち、資本主義と福祉国家の混合である。個人が責任を問われる結果について、運平等主義は厳格な個人主義を示す。財の分配が資本主義的市場や他の自発的な合意によって統制されるのに委ねよと。[*19] 市場へのこのような依拠は、平等主義は市場の効率的な配分機構としての、そして自由の行使の領域としての美徳を評価していないという非難[*20]に応答するものである。所与運によって決定づけられた結果については、運命の平等はすべての幸運が等しく共有され、すべてのリスクがプールされるよう指示する。「幸運（good fortune）」とは主に、たとえば耕されていない土地や天然資源、生来の才能に起因する所得といった非生産物を意味する。本人が選択したわけではない恵まれた精神的・肉体的特性の保有に起因する厚生の機会をも、そこに含める理論家もいる。「リスク（Risks）」とは、本人の厚生や資源を減じる見込みを意味する。運平等主義はそれゆえ福祉国家を、その市民のすべての形態における悪い所与運に対して保険を引き受ける巨大な保険会社として見るのである。再分配目的の税は不運に対する保険料の道徳的等価物である。福祉給付は、ちょうど保険政策がそうであるのと同様に、悪い所与運に起因する損失を補償するのである。

この保険とのアナロジーを最もうまく使ったのは、ロナルド・ドウォーキンである。[*21] 彼が主張するところによれば、すべての人がリスクに苛まれる可能性が等しくあるという想定がされ、彼らが自らに対して保険を掛けるであろう所与のリスクについては国家が諸個人に対して補償することを正義は求める。リスクに対する民間の保険がすべての人に対して等しいかつ安価な保険料で利用できない場合には、国家は社会保険を提供するべく介入するのである。そのような民間の保険が利用可能なところでは、社会

*16 Lawrence Mead, *Beyond Entitlement: The Social Obligations of Citizenship* (New York: Free Press, 1986).

*17 Arneson, "Equality and Equality of Opportunity for Welfare," p. 235.

*18 Dworkin, "Equality of Resources," p. 293.

*19 コーエンは、社会が資本主義的市場に依拠することを、正義にかなった配分のための重要な手段というよりも、正義に対する（予見不可能な将来において必要であったとしても）不幸な妥協物であるとみなしている唯一の傑出した運平等主義者である。Cohen, "Incentives, Inequality, and Community," p. 395を見よ。ジョン・ローマーの *Egalitarian Perspectives* (Cambridge: Cambridge University Press, 1994) は、分配的な根拠から市場社会主義の複雑なバージョンを擁護しているが、それらの根拠はたとえばファン・パリース版の資本主義に対する市場社会主義の優位を証明するのに十分ではないように思われる。

*20 Hayekを見よ。

*21 Dworkin, "Equality of Resources."

は諸個人に自分自身で保険を購入することついての責任を問うことができるため、[22] 所与運は自動的に選択運に転化される。無思慮にもそうし損ねた人たちがいたとしたら、正義は社会に対して彼らを救済することを求めない、純粋な運平等主義はそう主張するだろう。しかしながら、ほとんどの運平等主義者はこのような考えに恐れおののいて、それゆえ強制保険や、個人が自らの幸運の持ち分を浪費する自由に対する他の制限を、パターナリスティックな根拠に基づいて正当化している。[23]

運平等主義者たちが互いに見解を異とするのは、主に、平等にすべき領域ついてである。平等主義者は資源や資産の平等を追求するべきなのか（ドウォーキン、ラコウスキ、ローマー）、真の自由――すなわち、法的権利と自己の目的を達成するための手段――の平等を追求するべきなのか（ファン・バリース）、厚生への等しい機会を追求するべきなのか（アーネソン）、それとも、優位性（advantage）への等しいアクセス――つまり、内的な潜在能力と厚生への機会、資源の混合体――を追求するべきなのか（コーエン、ネーゲル）。これらは大きな意見の相違に見えるが、彼らの中心的な意見の相違点とは実は、〔次に述べる〕運平等主義の二つの陣営にある。すなわち、厚生の平等を平等主義者が関心を向けるべき（唯一でないにせよ）正統な目的として受容する陣営（アーネソン、コーエン、ローマー、そしておそらくはネーゲル）と、資源のみを平等化する陣営（ドウォーキン、ラコウスキ、ファン・パリース）である。個人の厚生はしっかりとした知識のもとで形成された選好充足によって分析される、この点においてはすべての論者は一致する。運命の平等において個人の選好が果たす役割が私の中心的な批判の対象となるであろうから、これら〔平等にすべきもの〕の立場の相違について検討することは有益であろう。

平等主義者は、人々が厚生への等しい機会を有しているかどうかに注目すべきなのか、それとも彼らの資源の持ち分が等しいことのみに注目すべきなのか。資源の平等主義者は高価な嗜好の問題を理由に、厚生を被平等化項（equalisandum）とすることに反対している。[*24] 甘やかされて育ったドラ息子や貴族趣味な人、道楽者といった人々は、充足するのにお金がかかる選好を有している。彼らの選好を慎ましやかで自制的な個人のそれと同程度に満足させるには、ずっとより多くの資源を要するのである。もしも厚生ないし厚生への機会を等しくすることが平等の目的であるとすれば、自制的な人々の選好充足はわがままな人の手に委ねられてしまうだろう。これは不公平だろうと。それゆえ資源の平等主義者によれば、人々は等しい資源に対する権利を持っているのだが、彼らの経済力の範囲内でなんとか生活できるように、自らの選好を育む責任を負うべきである。

このような見解に対して、平等主義者が関心を向けるべき正統な領域は厚生だと考える論者たちには三つの論拠がある。一つ目の根拠は、人々が資源を評価するのは、その資源が厚生に何をもたらすかによってだということである。平等主義者ならば、単なる手段としての財に焦点を当てるよりも、人々にとって究極的に重要なものに対して関心を向けるべきではないのか。[*25] 第二に、厚生の平等主義者たちによれば、資源の平等主義者は選好のすべて、そして選好を満たすためのコストに対して不公正な責任を

＊22　Rakowski, pp. 80-81.

＊23　Arneson, "Equality and Equal Opportunity for Welfare," p. 239; Dworkin, "Equality of Resources," p. 295; Rakowski, p. 76.

＊24　Ronald Dworkin, "What Is Equality? I. Equality of Welfare," *Philosophy and Public Affairs* 10 (1981): 228-40〔小林公・大江洋・高橋秀治・高橋文彦訳『平等とは何か』木鐸社、二〇〇二年の第1章に収録〕.

＊25　Arneson, "Equality and Equal Opportunity for Welfare," p. 237.

人々に負わせている。個人によって自発的に育まれた選好もある一方で、他の多くの選好は自らのコントロールを超えた遺伝的ないし環境的な影響によって形成されており、意識的な変化に強く抵抗するのであると。さらに、個人は自己の選好を充足することがとても高くついてしまうという事実に対して責任がないかもしれない。たとえば予期せぬ出来事が、かつては豊富にあった一定の嗜好を満たすための手段の急激な不足を生じさせ、それゆえにその価格を高騰させるかもしれない。厚生主義者は、人々に対して自らの非自発的なないしは非自発的に高くついてしまった嗜好についての責任を負わせることは不公正であるし、運平等主義の基本的な価値前提と相反すると論じるのである。[*26] 第三に、厚生の平等主義者たちによれば、障害を抱えた人々は自らの障害ゆえに、他の人々よりも〔医療や盲導犬などの〕多くの資源に対する権利をもっており、資源の平等主義者はこのような直観を包摂できない。というのも、障害をもっているということは、それを充足することが非自発的に高くついてしまうような選好を有することと分析的に等価であるからであると。移動することへの選好は歩行可能な個人と対麻痺〔両下肢の運動麻痺〕にかかった個人とで同じであろうが、後者の選好を充足するのにかかるコストははるかに高くついてしまう。そのことを当の対麻痺にかかった個人が選択していないにもかかわらずである。〔要するに〕対麻痺患者は移動することへの非自発的に高価な嗜好を有しているのである。もし資源の平等主義者が、正義の理論は競合する善の構想に対して中立でなければならないというリベラルな要請を受容するのであれば、障害者の移動への非自発的に高価な嗜好と美食家の珍しいシャンパンへの非自発的に高価な嗜好とを差別化できないというのである。[*27]

私は本論文においてのちに、第一と第三の厚生主義の擁護論を検討しようと思う。第二の擁護論に対しては資源の平等主義者からの次のような応答が可能である。人々が他者に対してなすことができる要求は、その要求者の側に期待される利益のみならず、当該要求が他者に課す負担に対しても敏感であるべきことを、正義は要請するのだと。これらの負担は当該要求を満足させるために充てられる資源の機会費用によって測られ、これらの機会費用は同じ資源に対する他者の選好の関数である。平等主義的な目的にとって、外的な資源の束の価値はそれゆえ、その所有者がどれだけの厚生をそこから得られるかではなく、もし全員がそれに対して値を付けることができ、みなが等しいお金を享受していたとしたら、完全に競争的な市場において売れるであろう価格によって決められるのであると。[*28]

このような応答において重要なのは、資源の平等主義者でさえも平等の測定においていかに主観的な選好に中心的な役割を与えているかをその応答が示している点である。というのも、資源の価値は仮想的な競売において主観的な選好が下すであろう市場価格によって測られるのであり、これらの価格は全員のそれらの資源への主観的な選好の関数であるからである。資源の分配が羨望を免れているとき（すなわち、だれも他者の資源の束を自己のそれよりも選好しないとき）、全員が等しい資源をもっていると言えるのである。生産されていない外的な資源がこのような羨望を免れているという意味で等しく分配さ

＊26 Ibid., pp. 230–231; Cohen, “On the Currency of Egalitarian Justice,” pp. 922–23.
＊27 Richard Arneson, “Liberalism, Distributive Subjectivism, and Equal Opportunity for Welfare,” *Philosophy and Public Affairs* 19 (1990): 158–94, pp. 185–87, 190–91.
＊28 Dworkin, “Equality of Resources,” pp. 285–89.

れるべきであり、全員が等しい情報、才能、せりの手腕、せりに用意された現金、これらを全員が等しく有していたとしたら、そのような分配は全員に開かれた完全に競争的な競売において達するであろうものと等しくなるという点で、資源の平等主義者は同意している。[*29] 資源の平等主義者と厚生の平等主義者との違いはそれゆえ、平等の測定が主観的な選好に基づいているかどうかに存するのではない。彼らがただ異なるのは、厚生の平等主義者にとって個人がなす要求は各人の嗜好に依拠するのに対し、資源の平等主義者にとってそれらは全員の嗜好の関数であるという点のみである。

運命の平等には異なる構想が存在するが、それらの構想は多くの点で異なるため、私がすべての相違をここで取り扱うことはできない。私はそれらのなかで重要だ考える差異について概略してきた。私の目的はしかしながら、これらの正義構想が共有している特徴を同定することであった。というのも、私はこれらの特徴が正義についての根本的に欠陥のある構想を表していることを示したいからである。次の二つの節において私は、運平等主義が不正義を生み出す事例を列挙しようと思う。運命の平等すべてのバージョンがすべての反例に対して脆弱というわけではない。しかし、各バージョンが一つないしそれ以上の反例に対して脆弱なのである。

2　悪い選択運の犠牲者

国家はその各々の市民を等しい尊重と配慮をもって取り扱うべきであるとドウォーキンは言う。[*30] ほとんどすべての平等主義者がこの常套句を受容しているが、その内容をめったに分析してこなかった。分析するどころか、彼らはこの常套句に訴え、自らの原理がすべての市民に対して等しい尊重と配慮を真に表現していることを示す論証を提供することさえせず、自らの好む平等主義的な分配原理こそが〔正しい〕平等の解釈だと提示しているだけなのである。本節において私は、悪い選択運の犠牲者を救済しようとすることを拒むにあたって運平等主義者が提供する理由が、このような不幸な人たちを等しい尊重と配慮をもって取り扱っていないと論じようと思う。次節において私は、悪い所与運の犠牲者を救済しようとするにあたって運平等主義者が提供する理由が、彼らに対して尊重を示していないと論じようと思う。

運平等主義者たちによれば、全員がリスクをおかす等しい機会をもっていたとしたら、本人が適理的に予見可能な自発的な選択に起因する結果はすべて、その本人が甘受もしくは享受すべきである。それらの結果が生み出した不平等は、たとえその結果が悪いものであったとしても他者に対する再分配的な要求を基礎づけないし、たとえその結果がよいものであったとしても再分配的な課税の対象とならないと。[*31] これは少なくとも、最も厳格な形の運平等主義がとる原則である。ラコウスキの運命の平等はその厳格な形態に最も忠実であるため、彼のそれを検討することから始めよう。

＊29　Ibid., 285-89; Rakowski, p. 69; Van Parijs, *Real Freedom for All*, p. 51.

＊30　Ronald Dworkin, *Taking Rights Seriously* (Cambridge, Mass.: Harvard University Press, 1977), pp. 272-73.〔木下毅・小林公・野坂泰司訳『権利論〔増補版〕』木鐸社、二〇〇三年、小林公訳『権利論Ⅱ』木鐸社、二〇〇一年〕

＊31　Rakowski, pp. 74-75.

不注意にも交通ルールに反するUターンをして、別の車との間で事故を起こした無保険の運転手について考えてみてほしい。目撃者は警察に通報し、だれに落ち度があるのかを報告したとしよう。警察はこの情報を救急隊に伝達したとする。救急隊員たちが現場に到着し、その落ち度のある運転手が無保険であることがわかるやいなや、彼を路傍に放置して見殺しにしたとしよう。ラコウスキの原理によれば、救急隊員にはその運転手に救急措置を施す責務はないため、このような行為は正義にかなっていることになる。おそらく、救急の現場において個人の責任について即断をしないもっともな政策的理由はあろう。最善の政策は、だれをも救済してのちに落ち度の有無を問うというものである。しかしこれは運平等主義者にとっての救いにはならない。人工呼吸器を取り付けられ、必死に生きようとしている無保険の運転手がいるのである。裁判上の審理において彼はその事故について落ち度があることが認定されている。ラコウスキによれば、その落ち度ある運転手は継続して医療措置を受けることを求める正義における権利をもたないことになる。これを「不注意な犠牲者の見殺し（abandonment of negligent victims）」問題と呼ぼう。

もしもその落ち度ある運転手が一命をとりとめ、しかしその結果として障害を負った場合、社会は彼の障害に配慮する責務を有しないこととなる。アーネソンはこの点でラコウスキに与する。[*32] したがって〔ラコウスキとアーネソンによれば〕郵便局は、生まれつき目が見えない人の盲導犬がその飼い主を建物内で案内することを認めなければならない一方で、自動車事故で失明した落ち度ある運転手の盲導犬を正義の名において出入り禁止にできることとなる。むろん、国家にとってそのような差別的なシステムを施行することはコストが高すぎるだろう。しかしこのような行政上の考慮は、正義が何を求めているかについての正しい基準を運平等主義が同定しているかという問題にとっては無関連である。これを「障害者間の差別（discrimination among the disabled）」問題と呼ぼう。

運平等主義者は深慮的な人々についても、彼らのおかしたリスクが悪い結果をもたらした場合に見捨ててしまう。「もし合衆国のような広大で地理的に多様な国家の市民が自宅を氾濫原ないしはサンアンドレアス断層の近く、トルネードの中心地域に建てたとしたら、氾濫や地震、ないしは暴風のリスクは彼が負うことを選択したものである。というのもそれらのリスクは他の場所に住むことでほとんど取り除くことができるのだからだ[*33]」と。われわれはメキシコ湾岸や東海岸に壊滅的な被害をもたらすハリケーンの脅威を忘れてはならない。連邦の災害手当の受給資格を得るために、すべてのアメリカ人はたとえば〔自然災害のリスクが低い〕ユタ州に押し寄せるべきなのだろうか[*34]。ラコウスキの見解は事実上、災害手当の受給権者を国内の一定の地域に住む市民のみに制限してしまうのである。これを「市民間の地理的差別（geographical discrimination among citizens）」問題と呼ぼう。

次に危険な職業に従事している人の事例について考えてみてほしい。警察官や消防士、軍人、農場主、

＊32　Arneson, "Liberalism, Distributive Subjectivism, and Equal Opportunity for Welfare," p. 187.

＊33　Rakowski, p. 79.

＊34　自然災害の平均以上のリスクに見舞われていない地域においては、「ほどほどに充足した生活を送るのに不可欠な財産の所有権に必然的にともなうリスクから生じた損害はすべて」、「悪い所与運の例として」完全に補償されうる、とラコウスキは認めている。しかしいったん民間の保険を買い求めることが可能となれば、所与運は選択運に転化し、無保険の当事者はまたもや一人取り残されることとなる（p. 80）。

漁師、炭鉱労働者はその仕事において、怪我や死亡についてはるかに平均以上のリスクに見舞われている。しかしこれらは「選択運の典型例」であり、それゆえもし事故が起きたとしても、要保護者に対して公的に助成された医療や扶助へのいかなる権利も基礎づけえないこととなる。[*35]ラコウスキは、徴兵された人々については退役軍人用の障害手当の受給資格を得ることを認めなければならないだろう。しかし彼の原理が含意するのは、愛国的な志願兵は自らの選択で戦闘のリスクをおかしたのだから、自らのリハビリテーションの費用を自弁することが正当に求められてしまいうるということである。これを「職業差別(occupational discrimination)」問題と呼ぼう。

家で育児や介護をする人やその子供は運命の平等のもとで特別な問題に直面する。人に頼らざるをえない立場の人――子供や病人、体力のない人――を世話する多くの人々は、自らの責務を果たすことへの対価としての賃金を、自分の世話をできない人に要求することができないとともに、十分な賃金を稼ぐ時間と余裕を欠いている。このような理由から、家で育児や介護をする人は、そのほとんどすべてが女性であるが、稼ぎ手に経済的に依存するか、福祉給付に依存するか、極貧状態に置かれる傾向にある。女性の男性稼ぎ手への経済的依存は、搾取や暴力、支配への彼女らの制度的な脆弱性に帰結する。[*36]しかしラコウスキの原理が含意するのは、このような貧困やその帰結としての従属は選択によるものであり、それゆえ他者に対するいかなる正義による要求をも基礎づけないということである。それは(おそらく深い確信から始められた)一つのライフスタイルであり、まさにそれゆえに「家族構成員を世話する義務を負っている」という彼女らの「情熱(zeal)」や「信念(belief)」を共有していない人々の犠牲において追求されうるものではないのだと。[*37]もし女性がそのような貧困や脆弱状態にとどめ置かれたくないのであれば、子供をつくることを選択すべきではないと。

子供もまた自らの親以外のだれからも援助を請求することはできないことになる。他のすべての人の観点からすれば子供たちは招かれざる侵入者、つまり、自分の親がもっている持ち分とは独立にそのような天然資源への持分権を〔新しく生まれ落ちた子供が〕主張することが許されるとしたら、もともといた人々が資源に対して有していた公正な持ち分を減らす存在ということになる。「二人の人間が子供をつくると決めたという理由で、全員が自らの資源をその新参者と〔それもその両親と同程度の持ち分において〕分かち合うことを求められると言うことは、不正義である。資源が正義にかなった形で分割されている以上、悪い所与運というよりも意図的な行動によって、他の全員に対し彼らの公正な持ち分よりも少ない分で我慢することを強いる権利など、2人の人間に認められるわけがあろうか[*38]」と。子供を産みたいという欲求は、資源の平等主義者が助成する必要のない高価な嗜好の別例にすぎないということになる。

ラコウスキの見解はたしかに、運平等主義者たちの間では最も過酷な端に位置している。ほとんどの運平等主義者は、個人がいつ社会に参入したかは、自然の賜物への公正な持ち分に対する彼らの要求に

＊35　Ibid., p. 79.

＊36　Susan Moller Okin, *Justice, Gender, and the Family* (New York: Basic, 1989), pp. 134-69.〔山根純佳・内藤準・久保田裕之訳『正義・ジェンダー・家族』岩波書店、二〇一三年〕

＊37　Rakowski, p. 109.

＊38　Ibid., p. 153.

とっては無関連だと考えている。子供は自分の親の富の欠如に対しても自分の親の子作りの意思決定に対しても責任はない。それゆえその親が彼らに公正な持ち分を与える手段を欠いていることは、補償を要請するような悪い所与運の問題であると。しかし、子供の世話に一身をささげる女性については話が別である。女性は平均的に男性と比べて才能が乏しいわけではなく、市場における賃金をほとんどないしはまったく生み出さないような才能を発展させ行使することを選択しているのだから、運平等主義者が彼女らの男性稼ぎ手への依存にともなう不正義を矯正する何らかの基礎を有しているかどうかは明らかでない。これを「家で育児や介護をする人の脆弱性（vulnerability of dependent caretakers）」問題と呼ぼう。

ラコウスキ版の厳格な運命の平等において、人々はいったん自然の富における自らの公正な持ち分を危険にさらして失うと、自らが困窮や赤貧へと自由落下していくのを止めてもらうことを他者に対して請求できなくなる。運命の平等は自由な市場によって生み出される機会の構造に対していかなる制約も課さない。自らの賭けが深慮的であるにもかかわらず悪い選択運に苛まれることとなった人々に対してさえ、債務奴隷や過酷労働、その他の形態の搾取へ従属することを妨げるものはなにもないのである。この見解によって許されてしまう不平等や苦難には下限がない。これらを「搾取（exploitation）」と「セーフティーネットの欠如（the lack of a safety net）」問題と呼ぼう。

ラコウスキであれば、そのような状況を防ぐための民間ないし公的保険を全員が利用できるようにすべきと主張できるであろう。そうなれば、そのような保険を購入しなかった個人がそのように貧窮したり搾取を受けやすい状況に置かれたりしても、彼らの落ち度ということになるだろう。しかし正義はいかなる人についても搾取されたり見殺しにされたりすることを許すものではなく、無思慮な人であったとしても同じである。しかも、個人が自らを数々の破局から守るためにすべての保険料の支払いを滞りなく行えなかったとしても、必ずしも無思慮であることを意味しない。もしその個人の選択運が特別に悪いものであったとしたら、その個人はそれらすべての保険料を支払ってなおかつ自分の家族の基本的な必要を満たすことはできないだろう。これらの状況のもとでは、家族のもしもの必要よりも切迫した必要を満たすこと――たとえば、食費を支出するためにいくつかの保険の購入を見送ること――は完全に合理的であるし、実際のところ道徳的責務である。これを「深慮的な人の見殺し（the abandonment of the prudent）」問題と呼ぼう。

ラコウスキ版の運命の平等は、悪い選択運の犠牲者を最も酷に取り扱う。彼の分配ルールは合衆国におけるそれと比べてもかなり厳しく、実際合衆国における分配ルールはヘルスケアを落ち度に基づかせたりしないし、すべての障害者を差別から保護しているし、国内のすべての住民に対して連邦の災害手当を提供しているし、使用者に対して労働者への障害施策を提供することを求めているし、退役軍人給付を提供するとともに、少なくとも一時的には扶養児童のいる貧困家庭に対して福祉給付を提供しているし、最低賃金を要請しているし、奴隷や債務奴隷、少なくともある種の苛酷労働による搾取を禁止している。悪い選択運の犠牲者を最悪の結果から保護する点で、他の運平等主義者たちはラコウスキよりもよい仕事をしているのだろうか。人々がいったん悪い選択運によって自らの公正な資源の持ち分を失った場合、ドウォーキンの理論は自由な市場における弱肉強食的な実践からの保護をラコウスキの理論以上には提供しない。ドウォーキンの理論は、家で育児や介護をする人々や自らのなした選択の結果として障害を負った人々に対しても手を差し伸べないだろう。
ファン・パリースならば、社会が維持できるかぎり最大の無条件のベーシックインカムを全員に保証するだろう。もしこの所得がかなりの額になるならば、家で育児や介護をする人や障害者、非自発的な失業者、その他のあらゆる不運な人にとってもたしかに救いとなるだろう。[*39]しかしながらファン・パリースは、この所得の額がかなり低く、ゼロになることさえ認めている。[*40]彼の提案の主たる困難は、彼の言うベーシックインカムが全員に無条件に、彼らが社会的に有用な仕事をすることができたか、現にしていたかにかかわらず与えられる点にある。怠惰で五体満足なサーファーは、ちょうど家で育児や介護をする人や障害者と同等に、その所得に対する権利が与えられることになるのである。人々に働くインセンティブを提供し、それによってベーシックインカムの財源となる税収を調達するためには、ベーシックインカムの額と最も低収入な未熟練労働の賃金額との間に相当な差がなければならないだろう。そのような低額のベーシックインカムは日がな一日浜辺で遊び暮らすだけで事足りるような気ままな人々にとっては十分かもしれない。しかしそれでは生活難にあえぐ親や非自発的な失業者、障害者といった特別な支出をしなければならない人々にとってはまったく十分ではないだろう。五体満足であれば社会的に有用な仕事に従事するべきという条件とともに、ベーシックインカムが保証されるならば、その額はより格段に高い水準に上げられうるだろう。ファン・パリースの提案は事実上、援助を必要としている他者の犠牲の上に怠惰で無責任な人の嗜好を満足させることになってしまうのである。[*41]
アーネソンは全員に厚生への等しい機会を保証することを提案している。成年になるにあたり、「ある個人の」等しく到達可能な人生全体の期待効用の総和が、他のいかなる個人が自らの可能的な人生全体においで直面する効用の総和とも等しくなるように、全員が選択の幅をもつべきだというのである。いったんこのような機会が保証されれば、人々の運命は自らの選択や選択運によって決定される。[*42]ドゥォーキンやラコウスキの理論と同じように、アーネソンの理論は平等、実際には最低限の尊厳ある生活までをも保証しているが、事前に、つまり成人時に選択を行使する前だけなのである。これでは用心深く深慮的な生活を送っていたがそれでも極めて悪い選択運の犠牲になった個人にとってほとんど慰めにならない。[*43]予想される人々の意思決定樹のなかに各々の時点における一定の選択肢に直面すること（や直面しなくてすむこと）についての彼らの選好を組み入れる、という応答をアーネソンはするかもしれない。しかしこれでは人々に対し、彼らがなすあらゆる選択に起因する小さな損失までをも帳消しにすることを認めてしまうため、個人の責任を完全に掘り崩してしまいうる。[*44]加えて、われわれはアーネソンが自らの落ち度によって障害を負った人々への配慮を要請しないであろうことを見てきた。家で育児

＊39　Van Parijs, "Why Surfers Should Be Fed," p. 131.
＊40　Van Parijs, *Real Freedom for All*, p. 76.
＊41　Brian M. Barry, "Equality, Yes, Basic Income, No," in *Arguing for Basic Income*, ed. Philippe Van Parijs (New York: Verso, 1992), p. 138.
＊42　Arneson, "Equality and Equality of Opportunity for Welfare."
＊43　John Roemer, *Theories of Distributive Justice* (Cambridge, Mass.: Harvard University Press, 1996), p. 270.〔木谷忍・川本隆史訳『分配的正義の理論——経済学と倫理学の対話』木鐸社、二〇〇一年〕
＊44　Rakowski, p. 47.

や介護をする人もまたアーネソンから多くの助けを得られないだろう。ローマーがアーネソンとコーエンの立場を説明しながら言うように、「社会は人々に対し、彼らが〔より利他的で自己犠牲的な〕人生を選択したことについて補償するべきでない。なぜなら社会は人々の道徳観に依拠して彼らに対する補償を負っているわけではないからである」[*45]ということである。家で育児や介護をすることに伴う脆弱性を回避したい人々はそれゆえ〔育児や介護を放棄して〕自分自身の面倒だけをみるようにしなければならないのだと。これは利己主義者にとってのみの平等主義である。これまで家で育児や介護をする人を貧困や支配から保護してこなかった制度において、いかにして子供や体力のない人の面倒がみられるのだろうか。

コーエンとローマーの理論は、市場での人々の諸選択によって生み出された機会の構造を問題視する唯一のものである。コーエンは平等が優位性へのアクセスの平等を要請すると論じ、優位性を厚生のみならず搾取ないしは不公正な取引への従属からの自由をも含むものとして定義している。[*46]ローマー版の市場社会主義では、普遍的なクーポンの支給を通じて世帯が資本の利潤を等しく共有することとなるため、債務奴隷や苛酷労働といった自由放任的資本主義によって生み出された最悪の結果をも予防するであろう。しかしながら、マルクス主義の伝統に根ざす理論家として、彼らは無賃金の育児や介護には目もくれず賃金労働者の搾取ばかりに焦点を当てているのである。[*47]

これらの問題に対して運平等主義者はどう答えるだろうか。家族のケアをする道徳的責務をはたすのは自発的で高価な嗜好の範疇とみなすことに性差別的含意があること、このことに誰も気がついていない。ほとんどの人は次のような事実に対しては敏感である。それは、平等を事前（すなわち成人として自分自身で選択をなす前）にのみ保証してその後は人々に対するいかなる備えもしないような平等主義的見解は、人々が自らの人生を送るにつれ人々の行く末に大きな不平等を実際に生み出すだろう、そして最下層の人がしばしば極度に不遇となってしまうだろうという事実である。彼らは、思慮深い人ならばそのような行く末を民間の（ないしは必要な場合には公的な）保険を利用することによって未然に防ぐであろうと想定している。それゆえ運平等主義の主たる困難は無思慮な人の惨状に対していかに保険を掛けるかにあるという点で、全員が意見を同じくしている。

アーネソンはこの問題を運平等主義の観点から最も深く検討してきた。彼によれば、人々に対して彼らがどの程度責任ある主体であるかについて責任を問うことは時として不公正である。責任ある選択をするのに必要な能力――予見する力や忍耐力、計算能力、意志の強さ、自信――は部分的には遺伝的資質の関数であり、部分的にはちゃんとした親がいるという幸運の関数である。それゆえ無思慮な人には、彼らの拙い選択〔の帰結〕に対する特別のパターナリスティックな保護が社会から与えられるのだと。このような保護はたとえば老齢年金のための強制的な保険料納入を伴うかもしれない[*48]。無思慮な人を自らの選択の最悪の帰結から救うために、純粋な運命の平等はそれなりのパターナリスティックな介入に

＊45　Roemer, *Theories of Distributive Justice*, p. 270.
＊46　Cohen, "On the Currency of Egalitarian Justice," p. 908.
＊47　John Roemer, "The Morality and Efficiency of Market Socialism," *Ethics* 102 (1992): 448-64.
＊48　Arneson, "Equality and Equality of Opportunity for Welfare," p. 239.

よって修正される必要があるかもしれないという点で、その他の運平等主義者たちも意見を同じくしている。しかしながら彼らの見解では、パターナリスティックな理由のみが、社会保障や疾病・障害保険、災害手当などの現代の福祉国家を特徴づけるさまざまな普遍主義的な保険プログラムを強制することを正当化できることとなる。パターナリスティックな理由のみが、諸個人のベーシックインカムを一定の年齢に達したときに一括払いとするよりも毎月単位で支給することを正当化するのである[*49]。これを「パターナリズム（paternalism）」問題と呼ぼう。

これらの政策が市民に対する尊重を示しているかどうか立ち止まって考えてみよう。運平等主義者はとても悪い選択運の犠牲者に対し、リスクをおかすことを選択したのだから彼らは自らの不運に値するのであり、社会は彼らを生活困難や搾取から救う必要はないと言うことになる。しかしその構成員がまったく理にかなった（そして家で育児や介護をする人にとっては義務でさえある）選択によってそこまでの底辺に下落することを許してしまう社会は、彼らを尊重しているとはおよそ言えない。無思慮な人であってもそのような運命には値しない。運平等主義者はパターナリスティックな理由によってしか、自らの厳格なシステムの修正を検討しないのである。自らが提供する理由によって強制的な社会保険制度を採用することで、運平等主義者は市民に対して次のことを事実上言っている。市民は自らの生を〔自律的に〕営むには愚かすぎるので、ビッグ・ブラザー〔ジョージ・オーウェルの小説『１９８４年』で人々を隅々まで監視する独裁者〕が何をすべきか教えてやらなければならない、これである。市民がそのような理由づけを受容し、なおかつ自らの自尊心を保つことがどのようにしてできるのか理解困難である。

これらの非難に対し、次のように論じる向きがあるかもしれない[*50]。第一に、だれもが値しない不運に苛まれないようにするという運平等主義者たちの問題関心からすれば、一定の結果はおぞましいものであるから、だれもが、無思慮な人でさえも、それらの結果に苛まれるに値しないと論じることができるべきであると。不注意な運転手であっても医療措置を拒まれることによって死ぬには値しないといったように。第二に、パターナリズムは誠実で説得的な立法理由になりうると。たとえば、シートベルトの着用を求める法律を国家が制定することは、当の法律が民主的に制定されているかぎり、たいした侮辱にはならない。自尊心ある人々は一定のパターナリスティックな法律を、単に自分たちを自らの不注意から守るものとして是認することができるのだと。

私もこれらの議論の精神は受容している。しかしこれらはむしろ、われわれを運命の平等からは遠ざけるような平等理論の要件〔の存在〕を示唆している。最初の議論は社会がすべての市民に保証すべき財と、まったく失ったとしても補償されなくてよい財との区別の必要性を指摘している。これは単に厚生や私的所有物についての最低限保証されるべき総量を定義するという問題ではない。不注意な運転手は自身の怪我した足のリハビリ手術を拒まれることよりも、自分が起こした自動車事故での息子の死によってはるかに多く苦しめられるかもしれない。社会はその人のより多い苦しみについて、たとえそれ

＊49 Van Parijs, *Real Freedom for All*, p. 47; Richard Arneson, "Is Socialism Dead? A Comment on Market Socialism and Basic Income Capitalism," *Ethics* 102 (1992): 485–511, p. 510.
＊50 ノースカロライナ大学チャペルヒル校の第31回哲学コロキアムで発表した旧稿への公開の場でのコメントにおいて、エイミー・ガットマン（Amy Gutmann）はこれらの主張をしてくれた。

がその人の厚生を一定の閾値以下に追いやるものだとしても、補償する義務を負わないが、医療措置については、たとえその人がそれなしでも一定の閾値以下の厚生水準に陥らないとしても、その人から医療措置の機会を奪うべきではない。平等主義者は人々に対してある種の財を保障するよう努めなければならないのである。このような考えは、平等についての特定の領域（厚生ないしは資源）において、人々のあらゆる種類の値しない損失を包括的に補償することを目的とする運命の平等の精神と衝突する。障害者のニーズを非自発的な高価な嗜好をもった人の欲求から区別できないとしたアーネソンの議論はこのことを例証している。

第二の議論は、自由を制限される人々に対して利益を提供することを目的とした自由制約的な法律をいかにして正当化するかという問題を提起する。シートベルト強制の法律は問題ないが、それが制約する自由は取るに足らないものであるため、事例として重要ではない。社会保険制度への強制加入の事例のように、制約されている自由が重要なものであるときは、市民に対して、彼らの利益に関してビッグ・ブラザーの方がよく知っているというものよりも尊厳を尊重するような説明をする義務がある。そのような説明を提供できることが平等主義的理論の要件なのである。

3　悪い所与運の犠牲者

今度は悪い所与運の犠牲者——深刻な遺伝的・先天的な障害をもって生まれてきた人々や、幼少時代の育児放棄や病気、事故といった責任を問えない要因によって著しく障害を負うことになった人々——

について考えてみよう。運平等主義は生まれつき才能がほとんどない人々や、その才能が市場においてあまり価値を生まない人々をこの範疇に収めている。ファン・パリースはこの集団に、金銭価値を生まない才能であれ、美貌や他の身体的特徴であれ、好ましい人格的特徴であれ、自らの生まれつきの資質に満足していないあらゆる人々を含めるだろう。[*51] コーエンやアーネソンであれば非自発的な高価な嗜好をもっていたり、慢性的に鬱な精神状態にあったりする人々をも付け加えるだろう。[*52] 運命の平等によれば、そのような悪い所与運の犠牲者は自らの欠陥のある内的資産（internal assets）や内的状態について補償される権利を与えられているのである。

悪い選択運の犠牲者に対しては厳格であるかパターナリスティックとなる傾向がある一方で、運平等主義者は悪い所与運の犠牲者に対しては同情的であるように思われる。平等主義的な性向の人々にとっての運命の平等の主要な魅力は、この人道主義的な外観に存するのである。運命の平等によれば、だれもそれに値しない不運に苛まれるべきでなく、分配における優先順位は落ち度のない最下層の人々に与えられるべきである。〔しかしながら、〕その人道主義的な外観は運命の平等の原理によって二つの仕方で裏切られると私はここで論じようと思う。第一に、落ち度のない最下層のなかにだれを含めるかを決めるための運命の平等のルールは、最下層のすべての人々に対して配慮を示せていない。第二に、最下

＊51　Van Parijs, *Real Freedom for All*, p. 68.
＊52　Arneson, "Liberalism, Distributive Subjectivism, and Equal Opportunity for Welfare"; Cohen, "On the Currency of Egalitarian Justice," pp. 930–31.

層の人々に援助を与えるにあたって運命の平等が提供する理由は、援助が向けられる人々に対してあまりにも侮辱的である。

内的資産の不足は、いつ補償を要請するほど悪くなるのか。髪質が悪いなどといった些細な個人的不満をもつ人々に対して、それらへの補償の権利を与えたがる人はいない。ドウォーキンによれば、内的資産の不足に対して補償されるべき人たちとは、無知のヴェール（a veil of ignorance）の背後で自分がその欠陥を有するかどうかを知らないとしたらその欠陥を有することに対して保険を購入したであろう人々である。無慈悲にもその帰結として、非常にまれであるものの深刻な障害をもつ人々は、だれしもがその障害に苛まれる可能性はごくわずかであったため、人々がそれに対して保険を掛けないことが事前には合理的であったという理由だけで、特別な援助を受ける資格がないことになるかもしれない。そのような提案は稀な障害をもつ人々と、だれしもに起こりうる障害をもつ人々の間で差別をすることになる。[*53] それに加えて、ドウォーキンの提案は同じ障害をもつ二人の人間を、彼らの嗜好に依拠して異なって取り扱うだろう。[*54] リスク回避的な目の不自由な個人には、リスク選好的な目の不自由な個人には否定された援助への権利が与えられうる。というのは、盲目になるという確率がごく小さいので、後者は盲目になることに対して保険を掛けなかったであろうからである。これらは障害者間の差別の追加事例である。

ドウォーキンの補償可能な障害についての基準は、保険に対する人々の個人化された選好に依拠しているために、「高価な嗜好」問題の餌食にもなる。[*55] 虚栄心の強い個人が遺伝的に鉤鼻になるよう決定づけられた展望に対してヒステリックになるとしよう。このような展望に対する個人の懸念は、彼女の鼻がどういう形になるのかを知る前の段階で、美容整形に対する保険を買うことを彼女にとって合理的にするのに十分かもしれない。しかしそのような選好がいかにして、彼女の美容整形費を支払う社会の側の責務を生み出しうるのかは理解困難である。しかも、多くの人々は鉤鼻であることをそこまで悪いことだと考えていないし、それらの人々の多くも鉤鼻を有している。もし仮に鉤鼻を有していることを、補償される権利を与えられるほどの嘆かわしい欠陥として社会が扱ったとしたら、彼らは侮辱されていると感じてしかるべきであろう。

高価ないしは特異な、とるにたらない嗜好にとらわれることを避けるため、ファン・パリースはアッカーマンにならって、[*56]「支配なき多様性（undominated diversity）」の原理によって自らの内的資産の不足について補償される権利が与えられている人々の集団を決めることを提案している。これは、内的資産とそれらについての嗜好が人々の間で大きく異なっているなかで、だれもが同意するであろう障害についての客観的な基準を得ようという考えである。個人Aの内的資産の総体について考えてみよう。もしも全員が個人Bの内的資産の総体をAのそれよりも好むとしたら、Aの資産の多様性はBのそれによって支配されていることになる。それゆえAは、Aの資産〔の総体〕がBのそれと少なくとも等しくなら

＊53　Rakowski, p. 99.
＊54　Van Parijs, *Real Freedom for All*, p. 70.
＊55　Ibid.
＊56　Bruce Ackerman, *Social Justice in the Liberal State* (New Haven, Conn.: Yale University Press, 1980), pp. 115–21.

ないかぎり、Aの内的な欠損を補償するのに十分な価値があるとはだれも考えないほどみじめであるとみなされるのである。このような境遇はだれの観点からも補償を正当化するのに十分に悪いと思われる。補償の程度は、少なくとも一人の個人がAの内的および外的資産のセットをBのそれよりも好むような地点に設定されるのである。

支配なき多様性の基準に対しては、次のような不平を言う人がいるかもしれない。もし仮に常軌を逸した宗派が重度障害者を、彼らの障害ゆえに神により近いという理由で恵まれているとみなしているとしよう。すると、障害者のだれも、その宗教を拒絶している障害者でさえも、特別な援助への権利を与えられなくなってしまう〔という不平である〕。ファン・パリースはこのような例をこじつけだと考えている。障害をもつという不利益を本当にわかっている人、そして公衆にとって理解可能な選好をもつ人のみが、このテストにおいて自らの選好を考慮されるべきであると。しかし現実の事例がすぐに想起可能である。耳が不自由な人々の共同体の構成員を自認するほとんどの人々は耳が不自由であることを、自分たちのよりも好ましい能力をもつ聴覚健常者が存在するほど嘆かわしい欠損であるとは思っていない。ファン・パリースはこの点を甘受し、もしそうならば、耳が不自由な人はその共同体の一員を自認していようがいまいが、いかなる特別な援助への権利をも与えられないことになると言っている。自らの能力を援助なしでも満足なものと彼ら自身の判断において考えているのだから、なぜ彼らに援助を提供する必要があるのかと。[*57]

アーネソンのそれのような厚生主義的平等主義理論にも同様の問題が付きまとう。コーエンは、アーネソンの見解においてはタイニイ・ティム〔ディケンズの『クリスマスキャロル』に登場する障害を持った子供〕が車椅子なしでも幸福で、気むずかしい〔非人間的な守銭奴〕スクルージが〔タイニイ・ティムの〕車椅子にかかるお金を与えられることで慰撫されるならば、ティムはスクルージのために車椅子を断念すべきことになるとして反対している。[*58] 問題は、主観的な評価に依拠して異なる次元の福利を集計するに際し、これらの理論が個人の選好充足を公的に押しつけられた不利益を埋め合わせるものとして勘案することを認めてしまっているということである。人々が他者によって抑圧されているにもかかわらず自らの生に幸福を見出しているということは、抑圧を継続させることをまったく正当化しない。同様に、醜く生まれてくるといった自然の不平等に対し、容姿端麗な人よりも優先雇用するといった社会的利益によって補償することに問題はないのだろうか。[*59] これを「公的抑圧の正当化としての私的選好（不）充足の使用（using private（dis）satisfaction to justify public oppression）」問題と呼ぼう。この問題は、提供される治癒策の形態はそれが取り組む不正義の種類に適合的であるべき、という平等主義理論のさらなる要件を示唆している。

以上までで私は、援助から排除される人々に対して運命の平等が加える不正義を強調してきた。今度は運命の平等が援助の典型的な受益者としてくくりだしている人々について考えてみよう。「人種や性にまつわる不正義が少なくなったとき、われわれは依然として、同等の努力に対してそんなにも異なっ

＊57　Van Parijs, *Real Freedom for All*, p. 77.
＊58　Cohen, "On the Currency of Egalitarian Justice," pp. 917–18.
＊59　Thomas Pogge, "Three Problems with Contractarian-Consequentialist Ways of Assessing Social Institutions," in *The Just Society*, ed. Ellen Frankel Paul, Fred Miller, Jr., and Jeffrey Paul（Cambridge: Cambridge University Press, 1995）, pp. 247–48.

て報いられる賢い者と愚かな者との間の大いなる不正義とともにあるだろう。〔中略〕知性のある者とない者、ないしは才能ある者とそうでない者、さらには容姿端麗な者と醜い者との間の社会的に生み出された（特に経済的な）不平等を減少させる方法を、おそらくだれかが発見するだろう」[*60]というトマス・ネーゲルの見解について検討してみよう。自らの内的資産におけるそのような欠損に悩まされている人々に対して運平等主義者たちは何と言わなければならないだろうか。彼らに補償するための小切手が、補償の理由を説明した〔空想の再分配機関である〕国家平等委員会（the State Equality Board）の署名入りの手紙とともに、郵便で届いたと想定しよう。これらの手紙に何と書いてあるだろうか想像されたい。

障害者の方へ：あなたの生まれつき欠陥がある資質ないし現在の障害は、悲しいかな、あなたの生を通常の人々のそれよりも生きる価値のないものにしています。この不運を補償するために、われわれ健常者はあなたに、少なくとも1人の個人があなたの生の価値を他の誰かの生に匹敵すると考えるほど善くするのに十分な、追加の資源をさしあげましょう。

愚かな方、才能のない方へ：不幸にも、他の人々はあなたが生産システムにおいて提供するなけなしのものに対して価値を認めておりません。あなたの才能は多くの市場的価値を生むには乏しすぎるのです。あなたがそんなにも貧しい才能をもって生まれてきたという不運ゆえに、われわれ生産的な人は、あなたに償いをしましょう。われわれはあなたに、われわれの大いに優越し高く評価された才能によって生産されたものの恩恵に与ることを認めましょう。

醜い方、社交性のない方へ：あなたが周囲の人々にとってそんなにも嫌悪感をもよおすゆえに、だれもあなたの友人や生涯の伴侶になりたがらないというのはさぞ悲しいことでしょう。われわれはあなたの友人や配偶者になることによってはあなたに償いをしないでしょうけど（われわれには行使すべき自らの結社の自由があります）、あなたは自身の哀れな孤独感を、われわれ容姿端麗で魅力的な人が提供するであろう物質的財を消費することによって慰撫することができるのです。それにわかりませんよ。あなたの恋人になるかもしれない人が、あなたがいかに金持ちであるかを見たら、あなたは恋愛の負け組にはならないかもしれませんから。

自尊心ある市民ならばそのようなメッセージによって侮辱されないなどということがありえようか。よくもまあ国家が市民の労働者や恋人としての価値に対して判断を下すものだと。さらに、国家から援助を得るために自らの劣等性を証拠として示すことを市民に要請することは、彼らを物乞いの地位に貶めるものである。市民が自らの私的な事がらにおいて行使したり発揮したりする資質の価値について判断を下すこともまた国家の仕事ではない。たとえ、Aはそんなにも醜くて社会的に魅力がないために、社会にとって魅力的なBの個人的な資質の方が好ましいと全員が考えたとしても、そのような個人的な判断に対して公的な承認としての烙印を押すことは国家の仕事ではないのである。自らの同胞から社会のクズとして広くみなされることが屈辱的であるならば、そのような個人的な判断を、正義を実現する目的において真なるものとして国家が受容し、公的に承認された見解の地位に押し上げることがどれほ

＊60　Nagel, "The Polity of Preference," p. 105.

どさらに〔市民の〕品位を落とすものか考えてほしい。運命の平等は内的に不利益を被っている人を無力にし、私的な侮辱を公的に承認された真実の地位へと押し上げるのである。

ここでの問題が、補償のための小切手とともに侮辱的な手紙を送ることの帰結のみにあると考えるべきでない。もちろん、そのような手紙を実際に送ることは端的に追い打ちをかけるように侮辱することとなろう。〔だが、〕そのような手紙が送られなかったとしても、特別な援助を請求するに際して市民が依拠する基礎についての一般的な知識はスティグマを与えるものであろう。帰結主義者はそれゆえ、国家平等委員会は調査を極秘に行い、その理由づけを婉曲表現やしらを切ることで覆い隠すべきことを推奨するかもしれない。〔しかし、〕一定の市民に劣等の烙印を押さずに運平等主義を実施するのに必要な情報を、いかにして委員会が集めることができるのか理解困難である。すべての人が他の人々の内的資産の方を好むほどある人々の状態が憐れむべきものであるということを、票を採ることなくしていかにして知ることができるというのか。しかし植民地総督府功利主義（government house utilitarianism）に対するそのような反論は、どんなに手ごわいものであったとしても、運命の平等の問題の核心には達していない。

援助の理由を伝達するか否かにかかわらず、運命の平等は自らが想定する受益者への憐れみ（pity）しか表明しえないような考慮に、その分配的原理を基礎づけている。障害者や、才能や個人的魅力が乏しい人に対し、特別の資源を分配する際に提供される理由に思いを馳せてほしい。各々の事例において、それは彼らの人格や生における相対的な欠損や欠点なのである。〔つまり〕人々は資源の平等主義的な分配への権利を、彼らの他者との平等ではなく、他者に対する劣等性に基づいて主張しているのである。

憐れみは他者の尊厳を尊重することと両立しない。報償を憐みの考慮に基礎づけることで、すべての市民に対して等しい尊重を示す分配的正義の原理に従い損ねてしまうのである。運平等主義はそれゆえいかなる健全な平等主義理論もが求める根本的かつ一見明白な要請を侵害しているのである。[*61]

運命の平等によって示されている関心は、侮辱的な憐みではなく単なる人道主義的な共感（compassion）であると論じる人がいるかもしれない。われわれはそれらの違いについてはっきりわかっていなければならない。共感は、苦しみといった個人の内在的な境遇への理解に基づいている。憐みはそれとは対照的に、観察者の境遇と憐みの対象の境遇との比較から生じている。それに特有な判断は、「あの人は悪い境遇にある」ではなく、「あの人は私よりも悪い境遇にある」である。比較されている境遇が、人々が自負するところの内的状態である場合、憐みは「あの人は痛ましくも私より劣っている」という考えを採る。共感と憐みはともに個人を慈悲深く行動させるが、憐みだけが上から目線なのである。

それらの別個の認識的基礎ゆえに、人道主義的な共感と憐みは異なる原理によって行為を動機づける。

＊61　これはそのような態度を表明することの帰結ではなく、その理論がどんな態度を表明しているかについての関心である。自尊心ある市民は自分たちを劣った人として扱うような原理に基づいた社会を、たとえその原理が秘匿されていたとしても拒絶するだろう。人々を侮辱することを回避するために、その理論が要請するよりも寛大な分配政策を社会が採用することを推奨することも、運命の平等の十分な擁護にはならない。問題なのは、悪い帰結を避けるために正義の要請から逸脱するべきかではない。正義は諸人格への等しい尊重に拠って立たなければならないという平等主義的要請を、自らが想定する受益者への侮辱的な憐みに基づいた正義理論が満たすかどうかが問題なのである。

共感は平等主義的な分配原理を生じさせない。その目的は苦しみを緩和することであり、それを均等化することではないのである。いったん人々が苦しみや困窮から解放されれば、共感は境遇の平等へとさらに後押したりはしない。[*62] しかも、共感は苦しみがありさえすれば、苦しんでいる人に対する道徳的判断をせずにそれを取り除くことを志向する。赤十字社のような国際的人道組織は、侵略者さえも含めた戦争のすべての犠牲者に対して援助を提供する。これに対し運命の平等は、人々が現実に内的な欠損によって苦しんでおらず、単にそこから他者よりも少ない利益しか得られないにすぎない場合でも、資産を均等化することを志向する。そしてそれは同情を落ち度なく不利益を被っている人に限定する。運命の平等はそれゆえ共感を表明していないのである。それは個人の境遇の絶対的な意味での悲惨さではなく、最も不運な人と最も幸運な人との格差に焦点を当てているのである。したがって運命の平等は、それに突き動かされる幸運な人たちの間で距離のパトス、すなわち共感の対象に対する恩恵の施す側の優越意識を喚起する。これこそが憐みである。

もし、運平等主義を自らの行動原理として採用する際により幸運な人がより不運な人に対して表明する態度が憐みであるならば、より不運な人がその原理に沿って権利主張をする際に、より幸運な人に対して表明する態度は何だろうか。資源主義的な運平等主義者たちはこの点において明確である。それは羨望（envy）である。資源の均等分配についての彼らの基準は羨望のない分配、つまりだれも他のだれかの資源の束をほしがらないような分配である。[*63] これら二つの態度は互いにうってつけである。嫉妬されれる人が嫉妬深い人に対して適切に採りうる最も寛大な態度は憐みである。このことは運命の平等を感情的に一貫したものにする一方で、その理論をまったく正当化しない。羨望の思想は「私はあなたのもっているものがほしい」というものである。そのような欲望がいかにして嫉妬される側の責務を生みうるのか理解困難である。自らの嫉妬を、自らの欲求を嫉妬される人が満たすことの理由として提供することさえも、彼らに対してまったく侮辱的である。

運平等主義はそれゆえ援助から排除される人に対して配慮を示しえていないと同時に、その恩恵に含まれる人とその恩恵を支払うことが期待されている人に対して尊重を示しえていない。それはあらゆる平等主義的理論が満たさなければならない最も根本的なテストに落第しているのである。

4　運平等主義の困難——分析結果

運命の平等が、個人が責任を有する要因に帰せられうる財の分配を統制する自由市場と、個人のコントロールを超えた要因に帰せられうる財の分配を統制する福祉国家とを混合した制度的装置を裏書きするものであることがわかった。運命の平等はそれゆえ資本主義と社会主義の最良部分を組み合わせる試みとして見ることができる。その自由市場的な側面は効率性や選択の自由、「消費者主権（consumers' sovereignty）」、個人責任を促進する。その社会主義的な側面は全員に人生における公正な出発点を与え、落ち度のない人を悪い所与運から保護する。運命の平等は、完全な中央集権的計画経済の愚挙、それに

＊62　Raz, *The Morality of Freedom*, p. 242.
＊63　Dworkin, "Equality of Resources," p. 285; Rakowski, pp. 65–66; Van Parijs, *Real Freedom for All*, p. 51.

市場による配分という大きな利点、これらの教訓を社会主義者が学んだ後に、自然に引きつけられるような原理として見ることができよう。自らの制度的装置の内部で市場での決定にとても大きな役割を認めることで、運平等主義者は伝統的な保守主義者やリバータリアンによる平等主義への批判を無効化したように思われるかもしれない。

しかし運平等主義者が前述した事例においてなす反直観的な判断は、より陰鬱な判断の可能性を示唆する。運命の平等は資本主義と社会主義のある種の最悪の側面を提供しているように思われるのだと。平等主義者であれば、諸個人をみな多様でありながら対等な存在として承認するような、寛容で人道的でコスモポリタンな社会像を表しているべきである。人々の才能や野望、役割、文化における多様性が全員に利益を与え、相互に利益を与えるものとして承認されることを可能にするような制度的配置を、平等主義者は促進すべきである。それに対し、運平等主義者によって描かれる資本主義と社会主義の混合物は、責任感のある人と無責任な人、内的に優れた人と劣った人、自立している人と依存的な立場にある人、これらを道徳至上主義的に対比することで、人々の多様性を階層的に表現するような、さもしく侮辱的で偏狭な社会像を表している。それは無責任の烙印を押された人に対して援助を提供せず、内的に劣っているという烙印を押された人に対して屈辱的な形で援助を提供するのである。それはわれわれに、不運な人が懇願的な言葉を発し、国家の屈辱的な道徳的判断に服従するという窮屈で救貧法的な社会像を提供するのである。

いかにして運平等主義はそんなにも道を誤ってしまったのか。まずは運命の平等が市場での決定に依拠するに際して招いた問題を考えてみよう。運命の平等は悪い選択運の犠牲者に対して非常に不十分なセーフティーネットしか提供しない。このことは運命の平等が本質的には、人々が人生の出発点において公正な持ち分を享受しているかぎり、自由市場における人々の自発的な同意によって生み出された苦しみや従属にはあまり関知しないという「スターティング・ゲート理論（starting-gate theory）」であることを表している。[*64] そのような害悪が自発的な選択の産物だからといって、その害悪そのものが正当化されるわけではない。選択肢からの自由な選択は、その選択肢そのものを正当化しないのである。自然の不正義なるものを是正することに焦点を当てることで、運平等主義者は正義の主要な対象が人々の機会を長期にわたって生成する制度的配置であることを忘却してしまっているのである。

何人かの運平等主義者、とりわけドゥウォーキンは、人生の出発点における国家による適切な配分の指針を提供するためにも市場での決定を用いている。そこでの基本理念は、個人の自律は「消費者主権」によって保護されているというものである。それゆえドゥウォーキンは、身体の障害に対する保険に対して人々が現実に支払う市場価格が、落ち度なく障害を負った人々に対する国家による補償の指針に使われうるかもしれないと提案している。[*65] しかし現実の保険における市場価格は、非自発的に障害を負った人々に対して国家が負いうる補償額を決めるにあたっては無関連な二つの要因を反映している。〔第一に〕生死に関わらない障害についてモラル・ハザードを減らすために補償額を極端に低く据え置く必要

*64　ドゥウォーキンは自らの理論が「スターティング・ゲイト理論」であることを否定しているが、それは彼が人生の全体にわたって不平等な才能に対する補償を配分するであろうという理由のみによるものである（"Equality of Resources," pp. 309–11）。
*65　Ibid., p. 299.

性〔高水準の補償は人々に対し、より甚大な障害の危険をおかす誘因を与えるかもしれない〕と、〔第二に〕人々は国家によっていまだ保護されていない障害のコストに対してしか保険を掛けないという事実である。

自らの才能について知らない人々が仮想的な保険を購入することにドウォーキンは依拠しているので、より大きな問題に苛まれることになる。そのような仮想的な市場での選択が、市民が互いに負い合うものを決めるに際してなぜ関連性をもつのかについて、彼が一切説明していないということである。保険購入の選択は〔あくまで仮想であり〕実際にはなされていないのだから、国家による配分にそれらが反映されていないことは、だれの現実的な自律的選択をも侵害していないのである。諸個人の市場における選択は彼らの嗜好によって異なる。しかしある人が他者に何をする責務があるのかは一般に、その人自身の嗜好によっても受益者の嗜好によっても決まらない。われわれはそのような嗜好相関的な対応が、希有な障害を負っている市民やリスク選好的な市民に対する差別を是認してしまうことを見てきた。しかしたとえ一定の人々が自分自身でリスクを進んでとったとしても、リスク回避的な同胞には権利として認められている非自発的に生じた障害に対する同じ社会保険の恩恵を、自らに提供するよう同胞市民に対して求める権利主張を放棄したことにはならない。さらに、だれもが自らのために合理的にある種の保険（たとえば、些細な容姿の欠点を治すための美容整形のための保険）を購入するだろうと言えても、それに対して支払う社会の側の責務を生成するのにまったく十分でない。もしだれもがそれを欲するならば、むろん美容整形費を国民健康保険プランに含めることを投票で可決できるだろう。しかし彼らがそれを含めないことを投票で決め、だれもがそのような保険を個人の資源で購入するのに委ねたとしたら、有権者のそのような決定に対して市民がいかなる理由で正義の観点から不平を言うことができるのか、理解困難である。あるものが個人としての消費において購入する価値があると全員が決めることと、それを全員に提供するコストを社会化する責務があると集合体としての市民が決めることとは別である。人々の現実ないし仮想的な市場での選択は、市民が集合体として互いに何を提供する責務を有するかについてのいかなる指針をも提供しないと私は結論づける。このことは平等主義理論にとってのもう一つの要件を示唆する。それは、平等主義理論は集合的意志の原理、すなわち、単に各々の市民が個人として欲するのではなく、市民が共に欲すべきものについての原理を提供しなければならないというものである。

今度は運平等主義が社会主義的原理に依拠するにあたってどのようにして問題を招くのかについて検討しよう。運命の平等はわれわれに、だれも自らに値しない不運に苛まれるべきでないことを求める。その原理を実施するために国家は、結果を所与運ないし選択運に帰するにあたり、道徳的な功績や責任についての判断をなさなければならない。兵士をしている時に喫煙の習慣を身につけた喫煙者が公費での肺がん治療を受けられるかを決めるために、他の人々は、軍務に奉仕している間にその喫煙者が直面した同僚や宣伝による社会的圧力や、戦闘という高度にストレスの多い状況において不安を和らげる喫煙の恩恵、戦後に喫煙習慣を克服するべくその喫煙者に提供された機会などを前提として、彼が喫煙に抗する強い意思決定をすべきであったかについて判断しなければならない。[*66]

＊66　ある人が、病気になることについての自らのすでに大きい可能性を増やすにすぎないような健康上のリスクをおかしたと

F・A・ハイエク（F. A. Hayek）はそのようなメリットを基礎とした報償システムの中心的問題を同定してきた。それは、重要な利益への権利を主張するために、人々は自分自身の判断に従うというより、自らの機会をどのように使うべきかについての他の人々の判断に従うことを余儀なくされるというものである[*67]。そのようなシステムは国家に対し、個人の選択についての大いに押しつけがましく過度に道徳的な判断をなすことを要請する。運命の平等はそれゆえ市民のプライバシーや自由に介入するのである。さらに、アーネソンやローマーが明らかにしているように、そのような判断は国家が、各々の市民が各々の事例でどの程度の責任を行使することができるかを決めることを要請する。しかし、人々が自らの高価な嗜好や無思慮な選択についてどの程度責任を有するのかについて国家が判断を下すことは、人々に対する尊重を示していない[*68]。

さらに、運命の平等は、実際にはそれが主張しているようには個人責任を推進しないだろう。たしかにそれは、自らの不運に対して責任があると判断された人々に対する補償を否定する。しかしこのことは諸個人に対して自らの問題に対する個人責任を否定し、自らの境遇をコントロール不能な力の前で無力な状態にあったものとして表現するインセンティブを付与する。これ以上に受動的で泣き言を言う被害者精神の普及を涵養する社会的条件は構築されえないだろう。それらの社会的条件のもとでは、市民が基本的な医療の恩恵といった財への権利を主張することが、尊厳を傷つけるようなふるまいをするという犠牲を払うことのみで認められてしまうのである。そのうえ、自らの値しない不運を物語るようなお涙ちょうだいの話を構想することの方が、他者に価値を認められるような生産的な仕事に従事することよりも容易である。人々に対して自らの自己利益伸長的なエネルギーを後者ではなく前者の方向に向けさせるインセンティブを与えることによって、運命の平等は社会にとって多大な計り知れない損失を生じさせるのである。

資本主義と社会主義についてのそのような不幸な組み合わせを促進することで、運命の平等は対等なる人からなる社会を設立することではなく、市民が劣等な地位を受容することのみを条件に国家から援助を求める権利を主張するような、スティグマを与えるような救貧法の体制を再生産することのみに成

したらどうか。科学的調査によって病気のリスクを（たとえば欠陥のある遺伝子といった）非自発的な原因によるものと（たとえば脂っこい食事をとるといった）自発的な原因によるものとに割り当て、自発的におかされたリスクの割合に応じてその病気の治療にあてる資源を割り引くとしよう（Rakowski, p. 75）。ローマーはこのような論理を受容するが、人々の自らの境遇に対する責任は遺伝的影響だけでなく、選択していない社会学的な影響によっても割り引かれるべきであると主張する。それゆえ、肺がんを患っている二人の人間が自らの（性別や人種、階級、職業、両親の喫煙習慣などによって決められる）社会学的タイプにおける中央値の年数だけ喫煙していたとしたら、たとえ一方が8年、もう一方が25年喫煙していたとしても、他の条件が等しければがんの治療費についての等しい補償を受ける権利が認められるのだと（Roemer, "A Pragmatic Theory of Responsibility for the Egalitarian Planner," p. 183）。人々の行動への異なる社会的な影響を埋め合わせるべく補正された比較可能な程度の責任を行使する人々は、自らの行動がもたらしたコストに対して同程度の補償を受ける権利が認められるべきであるというのがローマーの直観である。しかしローマーは、異なる階級に属する市民は異なる基準によって行動についての責任を問われるべきであるという想定を国家が表出することの〔スティグマを与えるような〕含意を考慮していない。

＊67　Hayek, pp. 95-97.

＊68　Christine Korsgaard, "Commentary on G. A. Cohen and Amartya Sen," in *The Quality of Life*, ed. Martha Nussbaum and Amartya Sen (Oxford: Clarendon, 1993), p. 61.〔竹友安彦監修、水谷めぐみ訳『クオリティー・オブ・ライフ――豊かさの本質とは』里文出版、二〇〇六年〕

功するのである。救貧法の発想は運平等主義の理由づけに浸透している。このことはその〔援助に〕値する不利益を被っている人と〔援助に〕値しない不利益を被っている人、すなわち、自らの不運に対して責任のない人と責任のある人との区別において最も明らかである。救貧法の体制と同じように、運平等主義は自分自身の選択によってみじめな運命に陥るという不利益を被った人々を見捨て、〔援助に〕値する不利益を被っている人を彼らの内的な才能や知性、能力、社会的魅力における劣等性によって定義するのである。

さらに、自らの労力の大部分を家族を世話することに注いでいる人々を、慈善への自発的な高価な嗜好をもつ人々として類型化することによって、運命の平等は原子的な利己主義と自給自足性を人間の規範として想定している。それは自分自身の利益のみに傾注する人々や、家での育児や介護に従事する責務を生じさせるような他者との関係性に入ることを避ける人々、それゆえ他者が提供する市場で生み出される所得に依存しなくても自らの稼ぎで自分自身の面倒をみることができる人々のみに平等を保証している。しかしそのような人間にとっての規範は普遍化しえない。〔育児や介護など〕長い期間にわたって他者のケアに依存することは、すべての人の人生サイクルにおける通常かつ不可避の部分である。それゆえ多くの成人が自らの時間の多くの部分をそのようなケア提供にささげることは、そのような仕事が市場においていかに乏しく報われようとも、人間社会の持続の不可欠な条件である。そしてこのことは、今度は家で育児や介護をする人々が、他者が生む所得へいくらか依存することを伴う。家で育児や介護をする人々の依存を誤って普遍化された男性中心主義的な規範からの自発的な逸脱として表象することで、運命の平等は女性の男性稼ぎ手への従属、さらには自足的な賃金労働と比較しての家族をケアすることへのスティグマ付与、これらを正当化するに至るのである。性差別主義と、責任ある仕事と市場における賃金労働の同一化を含んだ救貧法的な発想の、これ以上の完璧な再生産を想像しえないだろう。[*69]

5 平等の要点とは何か

平等の要点を構想するためのより良い方法がなければならない。そうするためには、平等主義的な政治運動が歴史を通して自らの目的をどのように考えてきたのかに思いを馳せることが有用である。彼らが反対してきた非平等主義的なシステムとは何だったのか。非平等主義は社会秩序を、その内在的価値

＊69　Iris Marion Young, "Mothers, Citizenship, and Independence: A Critique of Pre Family Values," *Ethics* 105 (1995): 535–56 は、現代の福祉改革運動に対する同様の、運平等主義とは無関連の、批判をなしている。ファン・パリース版の運平等主義は、全員に対して、賃金労働をしているかにかかわらず無条件の所得を保証しているので、救貧法的な発想を回避しているように思われるかもしれない。しかしながら前述したように、彼の見解でさえも暗黙裡に家で育児や介護をする責任を果たさない利己主義的な成人の嗜好を規範としている。というのも最低賃金と無条件の所得との格差が、周縁的な、したいようにできる利己主義者を労働市場に向けさせるのに必要なインセンティブとして設定されるだろうからである。賃金労働をしない家で育児や介護をする人々の運命はそれゆえ、彼ら自身のニーズよりも日がな一日ビーチで遊び暮らす人の労働と余暇とのトレード・オフに依存してしまうのである。日がな一日ビーチで遊び暮らす人が余暇に多く引きつけられるにつれて、無条件な所得もより低額にならざるをえない。

によって序列をつけられた人間の階層に基礎づけることの正当性と必要性を主張してきた。不平等は財の分配ではなく、優位にいる個人と劣位にいる個人との間の関係性を指していた。優位な階層に属する人は劣位にある人に対して暴力を振るったり、社会生活から排除・分離したり、彼らに対して侮蔑的な態度で扱ったり、服従することや見返りなしに働くこと、自らの文化を放棄することを強いたりする権利が認められていると考えられていた。これらはアイリス・ヤングが抑圧の現れとして同定したもの、すなわち、周縁化（marginalization）、地位の階層（status hierarchy）、支配（domination）、搾取（exploitation）、文化帝国主義（cultural imperialism）である。[*70] そのような不平等な社会的関係性は自由や資源、厚生の分配の不平等を生むとともに、それを正当化すると考えられていた。これが人種差別主義や性差別主義、ナショナリズム、カースト制、階級制、優生学といった非平等的なイデオロギーの核心である。

平等主義的な政治運動はそのような階層に対して異を唱える。彼らは人格の等しい道徳的価値を主張する。この主張は全員が等しい徳性と才能をもっていることは意味しない。消極的にはかかる主張は、親族関係や相続された社会的地位、人種、民族、ジェンダー、遺伝子といった、生まれや社会的アイデンティティに基づいた道徳的価値の区別を否定する。生まれつきの奴隷や下層民、貴族はいないのである。積極的にはかかる主張は、すべての能力ある成人は等しく道徳的な行為主体であること、すなわちだれもが道徳的な責任を発展・行使し、自らの善の構想を形成・実現する力を有すると言う。[*71]

平等主義者は社会的・政治的平等を普遍的な道徳的平等に基礎づける。これらの主張もまた消極的・積極的側面を有する。消極的には、平等主義者は抑圧（oppression）、すなわちある人々が他の人々を支配したり、搾取したり、周縁化したり、その品位を貶めたり、暴力を振るったりすることを廃絶しようと試みる。社会的に帰されたアイデンティティの多様性や分業における異なる役割、個人的特性の差異は、それ自体中立的な生物学的・心理学的な差異であろうと、価値ある才能や徳性であろうと、不運な障害や弱点であろうと、上に列挙したような不平等な社会的関係性をけっして正当化しないのである。何物も、犯罪に対する正当な処罰や正当防衛を除いては、人々をそのような形で扱うことを正当化しないのである。積極的には、平等主義者は諸個人が平等な関係で対峙するような社会秩序を追求する。彼らは、階層的なそれと対置されるような民主的共同体で共生することを追求する。ここでの民主主義の理解は、対等なる人たちの間での開かれた議論による、全員にとって受容可能なルールに従った集団的自己統治というものである。議論において他者の前で対等なる人として対峙することは、参加する権利が認められ、尊重の精神をもってその人の話を聴いたりその人の議論に対して応答したりする責務を他者が承認し、だれも自らの主張を聴いてもらうために他者の前で平伏したり、自分自身を他者よりも劣位にある人として表現したりする必要がないことを意味する。[*72]

＊70 Iris Marion Young, *Justice and the Politics of Difference* (Princeton, N.J.: Princeton University Press, 1990).

＊71 John Rawls, "Kantian Constructivism in Moral Theory," in *Journal of Philosophy* 77 (1980): 515-72, p. 525.「道徳的な行為主体」〔という表現〕を補うために「等しく」という表現を用いることは余計に思われるかもしれない。すべての能力ある成人は道徳的行為主体であるとだけ言ってなぜだめなのかと。平等主義者は道徳的行為主体の類型に基づく階層(たとえば、他者の発した道徳的命令に従うことができるだけの低位の人間の類型や、自ら道徳的な命令を下したり見つけたりできる高位の人間の類型があると言う、あらゆる理論)を否定する。

＊72 Elizabeth Anderson, "The Democratic University: The Role of Justice in the Production of Knowledge," *Social Philosophy and*

このような平等についての民主的構想を運命の平等と対比してみよう。まず、民主的平等論は社会的に構築された抑圧を廃絶することを目的とする。〔これに対して〕運命の平等は自然の秩序によって生じた不正義なるものを是正することを目的とする。第二に、民主的平等論は平等の関係性理論（a relational theory of equality）と私が呼ぶところのものである。それは平等を社会的な関係性として把握する。〔これに対して〕運命の平等は平等の分配的理論（a distributive theory of equality）である。それは平等を分配のパターンとして考える。それゆえ運命の平等は2人の人間を、彼らが同量の（所得や資源、厚生への機会などの）分配可能な財を享受している場合には平等であるとみなす。社会的な関係性は主としてそのような分配パターンを生み出すための手段としてみなされる。これに対して民主的平等論は、二人の人間を各々が自らの行為をもう一方にとって受容可能で、相互に協議したり返礼し合ったり承認し合ったりすることを彼らが当然のものと考えるような原理によって正当化する責務を受容している場合に平等であるとみなす。財の分配における一定のパターンはそのような関係性を保証するための手段であったり、そのような関係性に付随したり、そのような関係性を構成したりするかもしれない。しかし民主的平等論は根本的には財が分配されるところの関係性に関わるものであり、財の分配自体にのみ関わるわけではない。このことは第三に、民主的平等論は等しい承認の要求と等しい分配の要求とを統合する必要性に対応していることを含意する。[*73] 財はすべての人に尊重を示すような原理やプロセスに従って分配されなければならない。人々は、自らの財の持ち分への権利を主張するための条件として他者の前で平伏したり自分を貶めたりすることを求められてはいけないのである。分配される財への人々の権利主張の基礎は、彼らが他者との関係で劣位にあることではなく対等なる人であることなのである。

このことはわれわれに平等についてのおおまかな構想を提供する。どのようにしてわれわれは正義の原理をそこから導出するのか。運命の平等についてのわれわれの検討は完全に無益なものというわけではなかった。運命の平等の失敗から、われわれは平等主義的な原理にとってのいくつかの要件を渉猟してきたのである。第一にそのような原理は、すべての市民が彼らの全人生にわたってそこへの実効的なアクセスを有するような一定の財を同定しなければならない。いくつかの財は他の財よりも――平等主義者にとって特別な関心を有するものとして、いかなる平等の領域において同定されようとも――平等主義の観点からより重要である。そしてスターティング・ゲート理論や、遵法的な市民がそれらの財への十分な水準でのアクセスを失うことを認めてしまうような他のいかなる原理も、受容不可能である。

Policy 12 (1995): 186-219. このような要請はわれわれが常に、愚かであることないしは偏屈であること、不誠実であることが立証された人々の言うことを辛抱強く聴かなければならないことを意味するのか。そうではない。そのような要請は、(1)全員に疑うことについての第一次的な利益が与えられていること、(2)個人はコミュニケーション能力が欠けていることや公正な議論に従事しようとしないことを立証された場合にのみ、議論において無視されたり排除されたりしうること、(3)排除された人に対して、自らのコミュニケーション能力を証明し、それによって会話の場に戻るための適理的な機会が保障されなければならないことを意味するのである。

＊73 Nancy Fraser, "From Redistribution to Recognition? Dilemma of Justice in a 'Postsocialist' Age," in her *Justice Interruptus* (New York: Routledge, 1997), pp. 11-39〔仲正昌樹監訳『中断された正義――「ポスト社会主義的」条件をめぐる批判的省察』御茶の水書房、二〇〇三年〕; Axel Honneth, *The Struggle for Recognition*, trans, Joel Anderson (Cambridge: Polity Press, 1995)〔山本啓・直江清隆訳『承認をめぐる闘争――社会的コンフリクトの道徳的文法（増補版）』法政大学出版局、二〇一四年〕.

第二に、平等主義者であれば、そのような生涯にわたったアクセスの保証をパターナリズムに訴えずに正当化することができるべきである。第三に、平等主義的原理は是正されるべき不正義の形態に適した治癒策を提供するべきである。個人的な選好充足では公的な抑圧を埋め合わせることはできないのである。第四に、平等主義的な原理は諸個人の自らの生に対する責任については、彼らの責任行使の能力や、彼らが自らの自由をいかに上手に用いているかについての屈辱的で押しつけがましい判断を下さずに擁護するべきである。最後に、そのような原理は集合的な意志の対象たりうるべきである。そのような原理は平等主義者が関心を向けるべき特定の財を、ともに行為する諸市民が集合的に保証するための十分な理由を提供することができるべきなのである。

まずは最後の要件を検討してみよう。何を集合的に意志することができるか、ないしは意志しなければならないかを決めることは、社会契約論の伝統的な課題であり続けた。リベラル・デモクラシー版の社会契約論において、国家の根本的な目的はその構成員の自由を保障することである。民主的な国家の内実は集合的に行為する諸市民にすぎないのだから、諸市民の互いに対する根本的な責務は全員の自由のための社会的条件を保障することということになる。[*74] リバータリアンもまたこの公式を受容していることから、その要請は非平等主義的な含意を導くことになると考えられるかもしれない。この公式を否認する代わりに、民主的平等論はそれを解釈する。民主的平等論によれば、自由な生を営むための社会的条件とは、ある人が他の人と平等な関係において対峙することなのである。

平等と自由とを互いに衝突する理念として表現する見解が巷にはびこっている中で、この主張は逆説的に思われるかもしれない。しかし社会的平等が否定するような抑圧的な関係性を検討することで、われわれはこの主張がいかに正しいかがわかる。対等なる人は他者による恣意的な暴力や物理的強制に従属しない。恣意的な物理的強制によって制約されていない選択は自由にとっての根本的な条件の一つなのである。対等なる人は他者から周縁化されない。彼らはそれゆえ政治や市民社会における主要な制度に自由に参加できるのである。対等なる人は他者から支配されない。彼らは他者の意思に左右されて生活することはないのである。このことは、彼らが自らの意思によって自身の生を統御すること、すなわち自由を意味している。対等なる人は他者から搾取されない。このことは、彼らが自らの労働の公正な価値を自由に確保することを意味している。対等なる人は文化帝国主義に従属しない。彼らは他の全員を尊重するという制約のもとで、自分自身の文化を自由に実践するのである。平等主義的な共同体で暮らすことはそれゆえ、抑圧から自由に社会の財に参与するとともにそれを享受し、民主的な自己統治に参加することなのである。

平等主義者はそれゆえ、自由の社会的条件についてのより拡張的な理解を擁護する点でリバータリアンと異なる。重要なのは、平等主義者は私的な支配関係を、たとえ同意や契約によってなされたものであっても、個人の自由の侵害として見るということである。リバータリアンは自由を、形式的・消極的自由、すなわち他の誰かの許可を求めることなくして、他者からの干渉なくして、本人が好きなことをする法的権利を享受することとして、同定する傾向にある。自由についてのかかる定義は本人がしたいことをするための手段の重要性を無視している。それに加え、その定義は暗黙裡に、本人がしたいこと

＊74　Korsgaard.

をするための物質的な手段と能力さえ与えられれば、他者からの干渉の不在こそが本人がしたいことをするために必要なことのすべてであると想定している。このことは人々がしたいことのほとんどが社会活動への参加、それゆえ他者とのコミュニケーションと相互行為を要請しているという事実を無視している。他者がその人を除け者にしたら、これらのことはできない。結社の自由は人々の、いかなる根拠に基づくものであっても他者と結びつくことを拒む権利を含意する、とリバータリアンは論じるかもしれない。しかし、そのような無条件の権利を体現した社会は、他者を社会生活における参加から排除しようとする力のある人の願望に従うことを強いるような物理的強制をほとんど要しない。財産が不平等に分配されているがゆえに、一定の成人が他者に卑屈に依存して生活している、それゆえ他者の意思に左右されて生活している社会にも、同じことが当てはまる。除け者の存在や従属的階級をつくることを許してしまうような社会は専制的な体制と同じくらい抑圧的たりうるのである。

6 自由における平等——潜在能力アプローチ

アマルティア・センは自由のより良い理解の仕方を提案した。個人の福利を構成する、である状態(being)や、している状態(doing)を考えてほしい。個人は健康であったり、よい栄養状態であったり、健全な身体であったり、読み書きができたり、共同体の生活における積極的な参加者であったり、自由に動けたり、幸福であったり、尊重されたり、自信をもったりなどしうる。個人は自らの自律的な目的追求を反映するような、その他のである状態や、している状態をも気にかけうる。その人は社交的であったり、子育てをしたり、医療を実践したり、サッカーをしたり、肉体関係をもったりなどすることを欲しうる。そのような状態を「機能（functionings）」と呼ぼう。個人の「潜在能力（capabilities）」は、その人が入手可能な私的、経済的、社会的資源を所与として、その人が達成できる機能の組み合わせから構成される。潜在能力は現実に達成された機能ではなく、価値ある機能を達成するための個人の自由を測定する。自らが最も価値づける仕方で機能したり、自らの生を送ったりするための、実効的にアクセス可能な、重要な程度に異なった機会の範囲が大きくなるほど、個人はより多く自由を享受しているのである。[*75] われわれは、全員に潜在能力という意味での自由の社会的条件を保障するという平等主義的な目的を理解することができる。センにならって私は、平等主義者は潜在能力の領域において全員の平等を求めるべきであると言っているのである。

センの潜在能力主義的な平等主義はしかしながら、大きな問題を未決にしている。〔それは〕社会はどの潜在能力を平等化する責務を有するのか、という問題である。ある人々はトランプのゲームを上手にすることを気にかけているし、他の人々はタヒチで贅沢な休暇を楽しむことを気にかけている。平等主義者は等しい自由の名のもとで、無料のトランプゲーム講座や、異国の地での休暇に対する公的助成を提供しなければならないのか。たしかに、市民が互いに提供することを義務づけられている潜在能力には制限がある。平等主義者が特に関心を向けるべき、平等の領域のなかで特定の財を同定するという

＊75　Amartya Sen, *Inequality Reexamined* (Cambridge, Mass: Harvard University Press, 1992), pp. 39–41, 49.〔池本幸生・野上裕生・佐藤仁訳『不平等の再検討——潜在能力と自由』岩波書店、一九九九年〕

第一の要件に、われわれは注意するべきである。

平等主義の消極・積極目的について省察をめぐらすことがこのような要請を満たすことに資する。消極的に、人々は抑圧的な社会的関係性に巻き込まれるのを回避することができるのに必要なあらゆる潜在能力への権利が認められている。積極的に、彼らは民主国家における平等な市民として機能するのに必要な潜在能力への権利が認められている。平等主義者の消極目的と積極目的は大部分において重なるが、同じものではない。もし平等な市民としての機能が平等主義者の気にかけるすべてであるとしたら、平等主義者は、男性が女性の性を私的関係において統制するために〔北アフリカで広範に〕行われている強制的な女性器切除に反対しえないだろう。しかし平等主義者は私的な支配関係の廃止をも目的としており、それゆえ個人の性的な自律に必要な機能をも擁護する。もし仮に抑圧を回避するのに必要な潜在能力を有することがすべてであるならば、平等主義者は相対的に特権的な立場にいる人々の間の差別（たとえば女性管理職のガラスの天井）に反対しえないだろう。しかし平等主義者はすべての市民が市民社会において互いに対等なる人として対峙できるようにすることをも目的としており、このことはキャリアが才能に対して開かれていることを要請する。

民主的平等論はそれゆえ広範な潜在能力にわたっての平等を目指すのである。しかしそれは潜在能力の領域における包括的な平等を支持するわけではない。トランプゲームが下手だからと言って抑圧されるというわけではない。より正確には、ある人のトランプゲームの技能が市民社会におけるその人の地位を決定づけないように社会秩序を編成することができるし、そうするべきである。トランプゲームが上手であることは市民として機能することに必要でもない。社会はそれゆえ市民に対して無料のトランプゲーム講座を提供する責務はないのである。民主的平等論は平等主義的理論にとっての第一の要件を満たす。

民主的平等論が市民に保証する潜在能力についてさらに検討してみよう。平等な市民として機能するのに必要な潜在能力に焦点を当ててみよう。市民の地位は政治的主体としての機能（投票したり、政治的言論に従事したり、政府に請願したりなど）のみならず、市民社会において対等なる人として参加することにも関わる。市民社会は一般公衆に開かれた社会生活の領域であり、法律の執行に責任を有する政府の官僚機構の一部ではない。その制度は公道や公園、レストランや商店、劇場、バス、航空機といった公共施設や、放送や電話、インターネットといったコミュニケーションのシステム、図書館、病院、学校などを含む。市場での生産に従事する企業もまた、自らの製品をあらゆる消費者に対して売ったり、その従業員を一般から募ったりするゆえ、市民社会の一部である。公民権運動の重要な偉業の一つは、政治のみならず市民社会においても対等なる人として参加する権利を含んだ市民の地位の理解を擁護したことである。市民社会の制度から排除されたりそこにおいて分離されたりする集団や、市民社会における制度に起因する社会的アイデンティティに基づく差別に苛まれる集団は、たとえその構成員がすべての政治的権利を享受していたとしても、二級市民の地位に属してきたのである。

それゆえ、平等な市民として機能することができることは、特別な政治的権利を実効的に行使する能力のみならず、経済活動における参加も含んだより広範な市民社会のさまざまな活動に参加する能力にも関わるのである。そしてそのように機能することは人間としての機能を想定している。次に個人の機能についての三つの側面（人間としての機能、協働生産のシステムにおける参加者としての機能、民主国家における市民としての機能）を検討してみよう。人間として機能することができることは、各人の生物学的な存在を維持するための手段（食料やシェルター、衣服、医療）への実効的なアクセスや、人間的主体（human agency）のための基本条件（自分の置かれた環境や選択肢についての知識や、手段と目的を熟慮する能力、自分自身で考えて判断することへの自信や思想や移動の自由を含んだ自律のための心理的条件）へのアクセスを要請する。協働生産のシステムにおける平等な参加者として機能することができることは、生産手段への実効的なアクセスや、各人の才能を発展させるのに必要な教育へのアクセス、契約をしたり他者と協定を結んだりする権利、自らの労働の公正な対価を受け取る権利、自らの生産的貢献への他者からの承認などを要請する。市民として機能することができることは、言論の自由や選挙権といった政治的参加の権利や、市民社会の財や関係性への実効的なアクセスをも要請する。このことは結社の自由や、道路や公園、公共交通機関を含めた公共施設、郵便サービス、テレコミュニケーションのような公共空間へのアクセスを含意する。このことは、辱められることなく公に出られる能力や除け者の地位を帰せられないことといった、みんなに受け入れられるための社会的条件をも含意する。市民社会において関係性を形成する自由は、そのような関係性の多くが他者からの監視や干渉から守られてのみ機能することができることから、私的空間への実効的なアクセスをも要請する。ホームレスであること（すなわち、〔寝起きするところが路上や公園などの〕公共の場所しかないこと）は、とてつもなく不自由な状態なのである。

自由ないし潜在能力の領域における平等主義的な保証の構造について三点指摘するべきことがある。第一に、民主的平等論は現実の機能の水準ではなく、その水準への実効的なアクセスを保証する。諸個人は自らに保証されているよりも低い水準で機能することを選択する自由がある。たとえば、彼らは政治的参加を思いとどまらせるような宗教団体に加わることを選ぶかもしれない。さらに、（所得追求するような）特定の機能へのアクセスについていえば、市民がその条件への実効的なアクセス（［すなわち、］彼らが物理的に仕事をできること、そうすることが彼らの他の義務と両立すること、彼らが仕事を見つけられることなど）を有するのであれば、民主的平等論は努力しているということを条件として課すこともできる。機能の水準への実効的なアクセスは、人々がすでに意のままにできる手段を用いてその機能を達成することができるということを意味するのであって、その機能が当人の側でのいかなる努力もなしに無条件に保証されることを意味するのではない。それゆえ民主的平等論は、現代の経済が平等主義的な保証を維持するための生産活動に必要な、インセンティブのシステムを構築することと両立するのである。

第二に、民主的平等論は等しい水準の機能への実効的なアクセスではなく、社会において対等なる人として独り立ちするのに十分な水準の機能への実効的なアクセスを保証する。一定の機能については、平等な市民の地位は等しい水準を要請する。たとえば、各市民は選挙において他の市民と同じ数の投票用紙が保証されている。しかし他の機能については、対等なる人として独り立ちすることは等しい水準の機能を要請しない。市民社会において対等なる人として独り立ちすることができるためには識字能力が要請される。しかし米国について言えば、そのために英語以外の言語における識字能力は要請されないし、異しい文学理論を解釈する能力も要請されない。たとえ全員が外国語を理解しているわけでなくても、文学について博士号水準の修練を得ている人がごくわずかでも、民主的平等論は異議を唱えるものではない。米国以外では、多言語についての識字能力が平等な地位のために要請されるかもしれない。

第三に民主的平等論は、全生涯にわたって対等なる人として独り立ちするのに十分な一連の潜在能力への実効的なアクセスを保証する。それは、人々が悪い選択運によって等しい地位へのアクセスを失いうるようなスターティング・ゲート理論ではない。平等主義的な潜在能力へのアクセスは市場において譲渡不可能なものでもある。個人が不可逆的に他者に対して自らの根本的な諸自由を移転するような契約は無効である。[*76] そのような譲渡不可能な権利を創設することの理論的根拠は、権利保持者の観点から把握することは難しいように思われるかもしれない。なぜその人は自由に自らの平等主義的に保証された諸自由のいくつかを、自分の選好する他の財と交換するべきではないのか。その人に交換の自由を否定することはパターナリスティックではなかろうか。

われわれはこのような考えを、責務保持者の観点から検討することで避けることができる。自由の社会的条件への個人の譲渡不可能な権利の対応物は、その人の尊厳ないし道徳的平等を尊重するという他者の無条件な責務である。カント（Immanuel Kant）は次のようにその点を言い表している。すべての個人は、いかなる人の欲求や選好にも、その個人自身の欲求にさえも条件づけられないような価値ないし尊厳をもっているのだと。このことが含意するのは、人は他者に対し、彼らを奴隷にするといったようなな、たとえ許可や同意を得たとしても絶対にしてはいけないことがあるということである。奴隷契約はそれゆえ無効なのである。譲渡不可能な権利を権利保持者自身の利益ではなく他者が義務づけられていることに基礎づけることで、民主的平等論は平等理論の第二の要件、すなわち、パターナリズムに依拠することなく生涯にわたる〔権利の〕保証を正当化すること、を満たすのである。

平等についての潜在能力アプローチの一つの利点は、資源や他の分割可能な財の分配以外の問題に関して不正義を分析することができることである。ある人の潜在能力はその人の固定された個人的特性や分割可能な資源のみでなく、その人の変更可能な特性や社会的関係性や規範、機会や公共財、公共空間の構造によって決定される。平等主義的な政治運動は平等主義的な精査の全対象範囲をけっして見落とすことがなかった。たとえばフェミニストは、自己否定や自信の欠如、低い自己評価といった、女性はこうあるべきだという規範を女性が内面化することでしばしば直面する選択への内的な障害を克服しようと取り組んでいる。ゲイやレズビアンは、辱めや怖れなくして公に自らの性的アイデンティティを明かす能力を追求しており、侮辱や敵意に満ちた社会関係の重要な変化や、ジェンダーやセクシュアリティについての規範の変化を要請している。障害者は公共空間をアクセス可能にし、職場環境を自らのニーズに適合されることで、彼らが生産的活動に参加できるようにするべく、公共空間を再編することを目指している。単なる分割可能な資源の再分配ではこれらの集団が追求する自由を保証することはできない。

もちろん、民主的平等論は分割可能な資源の分配にも関わる。それは全員が他者から抑圧されることを回避し、市民社会において対等なる人として機能するための十分な資源への実効的なアクセスを有することを要請する。何が「十分」とされるかは文化規範や自然環境、個人の境遇によって異なる。たと

＊76 Margaret Radin, "Market Inalienability," *Harvard Law Review* 100 (1987): 1849-1937. しかしながら個人は、重大な犯罪について有罪と宣告されたら、自らの市場で譲渡不可能な諸自由のいくつかを喪失しなければならないかもしれない。

えば文化規範や気候は、辱められることなく、自然の力から十分に保護されて、人前に出ることができるためにどのような衣服が必要となるかに影響を与える。障害のような個人の境遇は、対等なる人として機能するためにどの程度の資源を必要とするかに影響を与える。足の不自由な人々は、五体満足な諸個人に相当する移動能力を達成するために（車椅子や特別に作られたワゴンといった）より多くの資源を必要とするであろう。潜在能力の領域における平等はそれゆえ、障害者のニーズを包摂するために不均等な資源の分割を要求するだろう。[*77] 市民が究極的に互いに負い合うものは、人々が平等な市民として機能するために必要な諸自由の社会的条件なのである。彼らの内的な能力や社会的条件の違いゆえに、人々は資源を機能のための潜在能力に等しく転化できない。彼らはそれゆえ対等なる人としての自由を享受できるように、異なる量の資源への権利が認められているのである。

人々が異なる内的な物理的、精神的能力をもっているという事実をわれわれは一般化していると想定しよう。民主的平等論は、運命の平等がそうするように、外的な資源が初めから等しく分割されることを要求するだろうか。そのように考える理由はない。人間として、社会的協働のシステムの参加者として、平等な市民として機能することに関連する潜在能力は、すべての機能やすべての水準における機能を含まない。人間として機能するために、人は十分な栄養が必要である。人間以下の地位に属させられることなく食事をするには、人はペットフードやごみ漁り以外の栄養源へのアクセスが必要である。しかし尊厳ある人間として機能できるために、人は量と質ともにグルメな食事は必要としない。それゆえ民主的平等論からは、当の社会が品位あると考える、すなわち懇親会における食事にふさわしいような、栄養源に加え、十分な栄養への実効的なアクセスを全員が有することが要請される。民主的平等論からは、全員がグルメとして機能する等しい機会のために必要な資源を有することは要請されない。民主的平等論からはそれゆえ、資源の分配は〔人々の〕羨望を敏感に考慮すべきであるという道徳的に疑わしい観念に依存する資源の平等の基準は要請されないのである。

＊77　Sen, *Inequality Reexamined*, pp. 79-84.

第4章　平等か優先か[*1]

デレク・パーフィット
堀田義太郎訳

論文「平等」において、ネーゲル（Nagel, T.）は次のような状況を想定している。彼に二人の子供がいるとして、一人は健康で幸福だが、もう一人はひどい障害で苦しんでいるとする。そこで彼は、第二子が特別な治療を受けられる都市に引っ越すか、または、第一子の能力を開花させられるような郊外に引っ越すことができるとする。ネーゲルは次のように書いている。

これは、どのような見解にとっても困難な選択である。この選択を、平等の価値を試すためのテス

＊1　この論考は、その着想の多くを次の人々に負っている。ブライアン・バリー、デイヴィッド・ブリンク、ジェリー・コーエン、ロナルド・ドウォーキン、ジェームズ・グリフィン、シェリー・ケーガン、デニス・マッカーリー、デイヴィッド・ミラー、トマス・ネーゲル、リチャード・ノーマン、ロバート・ノージック、イングマール・ペアション、ジャネット・ラドクリフ・リチャーズ、ジョセフ・ラズ、トマス・スキャンロン、ラリー・テムキン。

トにするために、このケースには次のような特徴があると仮定したい。つまり、郊外に引っ越すことから得られる第一子の利益は、都市に引っ越すことから得られる第二子の利益をはるかに上回っているという特徴である。

ネーゲルは、この事例について次のようにコメントしている。

もし都市に引っ越すことを選択するならば、この選択は平等主義的な決断であるだろう。たとえ第二子に与えることができる利益は、第一子に与えることができる利益よりも少ないとしても、第二子の利益の方が切迫性が高いからである。この切迫性は必ずしも決定的なものではない。それは他の考慮によって凌駕されるかもしれない。というのも、平等は唯一の価値ではないからだ。しかし切迫性は一つの決定要因であり、それは第二子の境遇の悪い立場に基づいている。[*2]

この講演での私の目的は、この種の平等主義的な理由付けについて論じることである。ネーゲルの決断は、二つの事実の重要性の比較に基づいている。すなわち彼は、第一子に対してより大きな利益を与えることができるが、しかしもう一人の子供はより境遇が悪いのである。この種の事例は実際に数え切れないほど存在する。そうした事例において、我々が二つの行為または二つの政策の間で選択をしているとき、一つの重要な事実は、その選択の結果としてもたらされうる利益がどれほど大きいか、である。功利主義者にとっては、問題はこれに尽きる。功利主義者の見解では、我々はつねに利益の総計の最大化を目標にするべきである。しかし、平等主義者にとっては、利益を享受する者の境遇がどれくらい良くなるかも問題になる。それによれば我々は、ときには、より善い分配のために、利益の総計がより少ない方を選択すべきである。

では、ある分配状況をより善いものにするには何ができるのだろうか。次のように述べる人もいる。つまり、異なる人々の間の平等を目標にすることによってである、と。別の論者は次のように言う。より境遇の悪い人々を優先することによってだ、と。以下で見ていくように、この二つはそれぞれ異なる発想である。

我々はこれらの発想を受け入れるべきだろうか。平等は重要な問題なのだろうか。もしそうだとして、いつそしてなぜ問題になるのだろうか。我々は、より境遇の悪い人々に対してどのような種類の優先性を——そういうものがあるとして——与えるべきなのだろうか。

これらは難しい問いであるが、そこで問題になっている研究主題は、ある意味ではシンプルである。同じ数の人々を含むような、ありうべき異なる事態または帰結を考察するだけで十分だからである。これらの帰結において、人々の境遇がどれくらい良いかを我々は知っていると想定しよう。その上で、どちらの帰結がより善いか、またはどの帰結を実現するべきかを問うわけである。このような研究の主題

＊2　Thomas Nagel, *Mortal Questions* (Cambridge: Cambridge University Press, 1979), pp. 123-4.（永井均訳「平等」『コウモリであるとはどのようなことか』勁草書房、一九八九年所収、一九三‐一九四頁）。また、ネーゲルの次の著書も参照。*Equality and Partiality* (New York: Oxford University Press, 1991)

を、分配の倫理学（the ethics of distribution）と呼ぶことができる。

こうした主題を却下する論者もいる。たとえばノージック（Nozick, R.）は、我々は何が最善の分配でありうるかを問うべきではないと主張する。なぜなら、このような問いは、分配されるべき何かが存在するということを誤って前提にしているからである。ほとんどの財は、分配や再分配のために取ってあるのではない、とノージックは論じる。[*3]〔それによれば〕ほとんどの財に対して、特定の人々がすでに権原または特別な請求権をもっている。正義が要求する事柄を決定するために、我々は抽象的な分配パターン――つまり別の帰結では、別の人々の境遇がどれくらい良いのか――を単に眺めることはできない。我々が知るべきことは、その人々の歴史であり、それぞれの状況がどのようにして生じたのか、である。また別の論者は、功績または真価について同様の主張をする。正しくあるためには、我々は万人に相応しいものを与えるべきであり、人々に相応しいものとは、その人々の間の違いと、その人々が何をしてきたのかに完全に依存する、と論じられる。ノージックの議論と同様、これらの他の諸事実こそが、道徳的に決定的なものなのである、と。

我々は、これらの反論をここでは脇にどけておくことができる。我々が考察している事例においては、人々の間にはこのような点で違いは何もないと想定することができるからである。すなわち、誰一人として、他の人よりも良い境遇に値する者はいないし、誰一人として権原や特別な請求権をもつ者もいない。このような事例が少なからず存在しているからこそ、我々はこうした研究を行うのである。もし我々が結論に到達することができたとして、そのときには、その結論をより広く適用する方法を考察できる。ロールズ（Rawls, J.）や他の論者と同じく、私は、根本的なレベルではほとんどの事例がこの種

	第一子	第二子
都市への引っ越し	20	10
郊外への引っ越し	25	9

の問題であるということを信じている。とはいえ、その点は後で論じることができるだろう。[*4]

さて、二つの帰結のうちの一方で、人々の境遇が悪くなる仕方は様々である。その人々は貧乏になるかもしれないし、不幸になるかもしれない、または機会を減らすかもしれないし、健康を悪化させ寿命を短くするかもしれない。これらの違いが問題になる場合もあるが、私はこれらすべてに適用されるような一般的な主張について論じたい。

私の問いを探求するために必要な想定は、二つだけである。第一に、ある人々は別の人々よりも、道徳的に重要な仕方で境遇が悪いことがありうる。第二に、この人々の間の違いは程度問題でありうる。私が想定している事例を説明するために、表を用いたい。たとえば、ネーゲルの選択は上のように示されうる。

こうした表は、正確さについて誤解を与える恐れがある。原理的なレベルにおいてさえ、別々の人々の境遇の良さの程度の間に正確な差異があることなどありえない、というのはたしかだからである。こうした表を使うことで私が意図しているのは、二つの帰結の間の選択が、ネーゲルの第一子に対して大きな差異をもたらすことを示すことだけであり、い

＊3　Robert Nozick, *Anarchy, State, and Utopia* (New York: Basic Books, 1974), pp. 149–50.（嶋津格訳『アナーキー・国家・ユートピア——国家の正当性とその限界』木鐸社、一九九五年）

＊4　行為は不作為（omissions）とは道徳的に異なるので、我々は、これらのありうる帰結が同種の行為の結果であるとさえ想定できる。さらに、どの帰結についても、現状と連続性があるか否かという点では違いがありうるため、我々はここではそうした違いはないものと想定すべきである。

ずれの帰結においても、第二子の境遇がどれくらい悪くなるかではない。

私の表に関して重要な論点が一つある。それぞれの追加単位は、境遇の良い人がそれを得るとしても、大まかに等しい利益である。もし誰かの状態が99から１００に上昇するとして、この人は、９から10に上昇する他の誰かと同じだけの利益を受け取る。この想定がなければ、我々はここでの問いの一部を理解することができない。たとえば、ある利益について、もしそれが境遇の悪い人にもたらされたとすればより重要なものになるのかどうかを、我々は問えなくなってしまう。ネーゲルの事例について、障害をもつ子供に利益を与えることが、より切迫性が高いという主張を考察してみよう。ネーゲルは、我々に次のように想定せよと述べていることになる。つまり、健康な子供に比べて、障害をもつ子供が得る利益はより少ないだろう、と。この想定がなければ、ネーゲルが述べているように、彼の事例は平等の価値をテストするものではなくなるだろう。ネーゲルの結論が平等主義なのは、彼が、より少ない利益がより重要な問題だと信じているからである。

追加される個々の単位は、仮にそれを受け取る者の境遇が良かったとしても等しい利益であるので、これらの単位を資源として等しい量のものとして考えることはできない。資源の同量の増加は通常、より境遇の悪い人に対して、より大きな利益をもたらすからだ。だが、これらの利益については、功利主義的な狭い観点から——たとえば、幸福や苦痛の軽減または欲求充足だけを含むものとして——考える必要はない。これらの利益は健康状態の改善であるかもしれないし、寿命の伸長や教育の機会、あるいは他の実質的な財でもありうる。[*5]

1

では、平等主義者は何を信じているのだろうか。明白な答えは次である。つまり平等主義者は平等を信じている、と。この定義によれば、我々のほとんどは平等主義者である。というのも、我々のほとんどが何らかの平等を信じているからである。たとえば、政治的平等を信じているし、または法の下での平等を信じている。または、万人が平等な権利をもつことを信じているし、万人の利害関心は等しく重み付けられるべきだということを信じている。[*6]

こうした類の平等も非常に重要ではあるが、これらは私の研究主題ではない。私が関心を持つのは、人々が等しい境遇であることにある。平等主義者とみなすために我々が信じるべき平等とは、私の理解では、まさにこの種の平等である。

我々が平等を信じることができる仕方には、主に二つの方法がある。我々は一方で、不平等は悪いと

＊5　広義の福利に関するこれら二つの説明については、以下を参照。Amartya Sen, "Capability and Well-Being"; Thomas Scanlon, "Value, Desire, and the Quality of Life," いずれも以下に所収。*The Quality of Life*, edited by Martha Nusbaum and Amartya Sen（Oxford: Oxford University Press, 1993）（竹友安彦監修・水谷めぐみ訳『クオリティー・オブ・ライフ――豊かさの本質とは』里文出版、二〇〇六年〔ただし第一部のみの抄訳〕）。また以下も参照。Amartya Sen, *Inequality Reexamined*（Oxford: Oxford University Press, 1992）, ch. 3.（池本幸生・野上裕生・佐藤仁訳『不平等の再検討』岩波書店、一九九九年）

＊6　次を参照せよ。Sen, *Inequality Reexamined*, ch. 1.

いうことを信じているかもしれない。この見解によれば、我々が平等を目指すべき場合とは、それによって帰結をより善いものにするべきだからである。我々はこの場合、目的論的（teleological）――または略して目的（telic）――平等主義者だと呼ばれうる。他方、我々の見解は義務論的（deontological）、または略して義務（deontic）平等主義でもありうる。我々は、帰結をより善いものにするためではなくて、他の道徳的理由のために平等を目指すべきだと信じることもできるからだ。たとえば、我々は、人々は平等に分有された権利をもっていると信じているかもしれない（もちろん、我々はこれらの両方を信じることもできるだろう。つまり、平等は帰結をより善くするとともに、他の理由もあるがゆえに、我々は平等を目指すべきだということを信じることもできる。だが、この見解は別々に論じる必要はない、と。とはいえ、ここではその構成要素を考察することで十分である[*7]）。

我々はまず最初に目的論的平等主義について考察することができる。この立場は以下を受け入れる。

平等原理　ある人々が、他の人々よりも境遇が悪いとすれば、それはそれ自体として悪い[*8]。

この原理の完全な表現では、不平等の様々に異なるパターンの悪さを比較して評価する必要があるだろう。だが、ここではそうした複雑な問題は無視することができる[*9]。

次に、ある共同体で人々がすべて(1)等しく境遇が良いか、または(2)等しく悪いかのいずれかでありうる、ということを考えてみよう。平等は、我々に対して、(2)の方がより悪いとは言わない。この平等原理は、不平等の悪さについてのものだからである。たしかに、万人が等しく境遇が悪いとすれば、その方が明らかにより悪いのだが、我々がそう考える根拠は平等主義ではありえない。
⑵の方がより悪いとするための理由を説明するために、我々は以下の原理に訴えるかもしれない。

効用原理　人々の境遇が良いとすれば、それはそれ自体としてより善い。

人々が平均して境遇が良いか、または総計として利益をより大きく受け取っているとき、我々は、総じて、より効用（utility）があると言うことができる。（だが、すでに述べたように、これらの利益は功利主義のように狭く考える必要はない。）

もし我々が、平等だけに関心があるのだとすれば、我々は純粋な（pure）平等主義者であるだろう。他方、もし効用だけに関心があるのだとすれば、我々は純粋な功利主義者――または通常、単に功利主義者と呼ばれている立場――であるだろう。だが、我々のほとんどは多元主義的な見解を受け入れている。つまり単一の原理または価値以上のものに訴えている。多元主義的（pluralist）平等主義説と私が呼びたい立場について、我々は、より平等であり、かつより効用が大きいのだとすれば、その方がより

＊7　これらの定義によれば、我々が平等主義者であるのは次のような場合である。すなわち、平等を目的にすべきだということを、我々がどの局面でも信じている場合である。もし我々が、ある限られた狭い局面でしかそう考えていないとすれば、我々を「平等主義者」と呼ぶのは不自然だろう。この点については、私の定義はミスリーディングではある。

＊8　これに対して「当人の過失でも当人による選択でもない」と付け加えることができるかもしれない。

＊9　これらの論点は次の文献で詳論されている。Larry Temkin, *Inequality* (New York: Oxford University Press, 1993).

善いということを信じている。この二つの帰結のうちのどちらがより善いのかを決めるにあたって、我々はこの二つの価値に重み付けをする。

〔しかし〕これらの価値は対立しうる。二つの帰結のうち一方は、不平等がより大きいという理由では、より悪いかもしれない。だが、他の面では、より効用が大きいか、または利益の総量がより多いという点で、より善いということがありうる。この場合、我々は、これら二つの事実のどちらがより重要なのかを決定しなければならない。たとえば、次のような論理的に可能な事態を考えてみよう。

(1)　全員が150
(2)　半分が199　半分が200
(3)　半分が101　半分が200

純粋な平等主義者にとっては、この三つの帰結のなかで(1)が最善である。なぜなら、それは(2)と(3)よりも不平等ではないからである。功利主義者にとっては、これらの帰結のうち(1)は最悪である。なぜなら、それは(2)と(3)に比べて少ない効用しか含まないからである。(状態(1)から(3)への移行において、利得を受け取る側の人々にとっての利益は、残り半分の人々が失う利益よりも、差し引きしてわずかに大きいだろう)。ほとんどの多元主義的平等主義者にとって、(1)は最善でも最悪でもないだろう。(1)はすべてを考慮に入れるならば(2)よりも悪い。というのも、(1)は(2)よりも効用という観点ではかなり悪いだろうし、平等という観点からはわずかに善いだけだからである。同様に、(1)は(3)よりもすべてを考慮に入れたとして、より善い。なぜなら、それは平等という観点からはかなり善いし、効用という観点からはわずかに悪いだけだからである。

とはいえ多くの場面で、多元主義的見解を採用することは難しい。以下を比較してみよう。

(1)　全員が150

(4)　半分がN　半分が200

もし我々が多元主義的平等主義者であるとして、我々が(4)よりも(1)の方が悪いと信じるために、Nにはどのような価値が入るだろうか。たとえば120から150という価値の幅について、この問いに答えるのは困難だということに気付くだろう。さらに、この事例はきわめて単純である。不平等のパターンは、評価がさらに困難なものでありうる。

以上の事例が示すように、もし我々が平等と効用の双方に重みを与えるとして、それらの相対的な重要性を評価するための原理的方法を、我々はもっていない。特定の意思決定を擁護するために我々にできるのは、それが正しいように思われると主張することだけである。(かくして、ロールズはこれを直観主義者の見解と呼んでいる。)

目的論的平等主義者にとって、不平等は悪いと先に述べた。このことは、この見解の中核であるように私には思える。しかし私はこの見解について、平等が価値をもつという、より馴染み深い主張を保持したい。なぜなら、その代わりに、不平等は負の価値をもつと主張するのは、衒学的だと思われるからだ。

次に我々は二種類の価値を区別すべきである。もし我々が平等は価値をもつと主張するとして、我々は単に、平等が善い結果をもつということを意味しているのかもしれない。平等は、様々な種類の善い結果をもつし、不平等は様々な種類の悪い結果をもつ。たとえば、人々が不平等であるとして、それは対立や妬みを生み出しうるし、ある人々を他の人々の権力下に置くことにもなりうる。もし、こうした諸結果を考慮するがゆえに我々が平等を評価するとして、そのとき我々は、平等は道具的（instrumental）価値をもつと信じていることになる──つまり平等は一つの手段として善いと考えていることになる。だが、私が関心をもつのはこれとは異なる発想である。真の平等主義者にとって、平等は固有の（intrinsic）価値をもつ。ネーゲルが主張するように、平等は「それ自体として善い」と。

以下で見ていくように、この区別は理論的に重要である。また、この区別は実践的な違いももたらす。もし我々が、悪い結果をもつかどうかとは別に、不平等はそれ自体として悪いと信じているとすれば、我々は不平等はより悪いと考えるべきである。そして我々は、不平等が仮に何ら悪い結果をもたないとしても悪いと考えるべきである。

ネーゲルはしばしばこの区別を曖昧にしている。彼は、「平等の固有の価値[*10]」を擁護する二つの種類の議論に言及しているが、そのどちらも上のような記述には相当しないと思われる。

ネーゲルの擁護論の第一のものは個人主義的（individualistic）である。というのも、それが訴えているのは、個人にとっての善し悪しだからだ。ネーゲルの事例は、次のような主張である。不平等が存在するとき、それはより境遇が悪い人々の自尊の感情を弱める。だが、ここで悪いと主張されているのは不平等それ自体ではなく、その諸結果の一つに過ぎない。また、この結果を悪いと判断するために、我々は平等主義者である必要はない。我々は、我々の福利の構想が部分的に平等主義的であるという理由だけで、他の諸結果を悪いと考えているのかもしれない。つまり、我々は、たとえ不平等が人々を欲求不満にせず、または当人たちに経験される福利に影響を与えないとしても、その人が奴隷的であったり、または従属的に過ぎるような場合、人々にとって不平等は悪いと考えるかもしれない。こうした見解もある意味で平等主義ではあるとしても、しかしそれは、平等は固有の価値をもつという主張ではない。前述したように、この見解が主張するのは単に不平等は悪い結果をもつということである。

ネーゲルの第二の擁護論は共同体主義的（communitarian）なものである。彼が述べるところによれば、

> 平等は全体として理解される社会にとって善い。平等は、社会の成員の間の正しい関係性にとっての一つの条件であり、健やかな同胞愛的態度、欲求、共感を社会成員が形成することに対する一つの条件である。

これが先の議論とは異なるタイプの擁護論であるためには、この議論は、こうした関係性が単に人々にとって善であるというだけでなく、それが固有の価値をもつと主張しなければならない。しかし、これ

*10 *Mortal Questions*, op. cit., p. 10.〔永井均訳「平等」前掲書、一七〇頁〕Cf. David Miller, "Arguments for Equality", *Midwest Studies in Philosophy*, vol. VII (Minneapolis: University of Minnesota Press, 1982).

は依然として、平等が固有の価値をもつという主張ではない。善いと主張されているものは、やはり平等それ自体ではなくて、その諸結果のなかのいくつかにすぎない[11]。

固有の価値と道具的価値の違いは、以上のように示されうる。ここで分割された世界とでも呼びうるものを考えてみよう。世界の人口の半分ずつは、他の半分が存在していることに気付いていない、と想定できるとする。たとえば、大西洋がまだ横断されていなかったのかもしれない。次に二つの可能的事態を考えよう。

(1)　半分は１００　半分は２００

(2)　全員が１４５

これら二つの事態について、(1)は(2)よりも、一つの点で善い。なぜなら人々の境遇の平均値が良いからである。だが、すべてを考慮した上で、(1)は(2)よりも悪いということを信じることもできるかもしれない。では、この見解をどのようにして説明できるだろうか。

もし我々が目的論的平等主義者であるならば、次のような説明になるだろう。(1)は、人々は平均してより境遇が良いという点では善いが、ある人々が、その他の人々よりも境遇が悪いという点では悪い。この不平等のもつ悪さが、それ以外の利益を道徳的に上回る、と。

こうした主張を行うなかで、我々は不平等がもたらす結果に訴えることはできないだろう。なぜなら、この世界の総人口を二分割したそれぞれの人々は、完全に切り離されているので、(1)における不平等は、境遇が悪い集団に対して何の悪い結果ももたらさないからである。また、(2)における平等は、この二つの集団の間に、望ましい同胞愛に満ちた関係性を生み出すこともない。もし我々が(1)は不平等ゆえにより悪いと主張するとして、我々は、この不平等がそれ自体として悪いと主張しなければならない。

この事例において、我々が(1)は(2)よりも悪くはないと判断するとしてみよう。このことは、問題になっている見解に照らして、不平等はそれ自体として悪くはないということを示すのだろうか。

その答えは、他の問いに対する答えに依存するだろう。つまり、平等主義的見解の射程とは何であるべきか。また、理念的に考えて、平等な境遇であるべき人々とは誰なのか、という問いだ。

最も単純な答えは次のようになるだろう。これまで生きていた者すべてである、と。そして、目的論的見解にとってこれは自然な答えだと思われる。もし、ある人々が他の人々よりも境遇が悪いことがそれ自体として悪いのだとすれば、その人々がどこに、またいつ生きているかがなぜ問題になるべきなのだろうか。この見解によれば、関係をもたない共同体であれ、異なる世紀にいた人々であれ、境遇が等しくない人々が存在し、また存在したのであれば、それはそれ自体として悪い。かくして、インカ帝国の農民や、石器時代の狩猟採集民が、いま現存している我々よりも境遇が悪かったのであれば、それは悪いということになる。

＊11　これ以外にいくつかの可能性も存在する。ケーガンとブリンクが示唆するように、平等は、それ自体として善ではなく、またその結果ゆえに善ではなくても、より大きな善の本質的な部分であるがゆえに、本質的に善でありうる。Cf. Miller, "Arguments for Equality", op cit.

我々はこの見解を拒否するかもしれない。つまり我々は次のように信じているかもしれない。もし二つの集団が完全に無関係であるならば、その人々の境遇が等しくないとしても何ら悪くはない、と。このことは、私の事例において、我々が(1)の方が(2)よりも悪いということを否定する理由かもしれない。

仮に我々がこのように反応するとして、なお我々は、関係する集団間で不平等がある場合、不平等がそれ自体として悪いということを信じているのだろうか。それはありそうにないことだと思われる。我々は、なぜそうした事例でだけ不平等に反対するのだろうか。二つの集団が他方の存在に気付いていないとして、それが違いを作り出すのはなぜか。明白な答えは、それぞれの事例において、不平等は通常もちうる悪い結果をもちえないからだ、というものである。これは、不平等はそれ自体として悪いのだが、それは不平等が関係のある集団の間に適用される場合だけである、という主張と整合しているかもしれない。だが、整合性があるとしても、この見解はもっともらしいとは思えない。なぜならこれは、奇妙な偶然の一致を伴っているからである。

我々は、よりもっともらしい主張として、不平等はそれ自体として悪いのだが、それは不平等が一つのコミュニティの中にある場合だけである、と主張するかもしれない。だが、これが示唆するのは、我々が実際に採用しているのは、そうした不平等は社会的不正義を含んでいるという立場だということである。そうだとすれば我々は、義務論的平等主義であるだろう。

2

では、この二つ目の見解について考察しよう。義務論的平等主義者は、次のように考える。我々はしばしば平等を目指すべきだとしているが、それは、我々がそれによってより良い結果をもたらすべきだからではない。そうではなく、それはつねに他の理由からなのである。この見解によれば、人々の境遇が等しいとしてもそれ自体で善いわけではないし、境遇が等しくないとしてもそれ自体で悪いわけでもない。

この見解は典型的には、正義についての主張に訴える。より正確には、比較的正義についての主張に訴える。人々が不正に扱われているかどうかは、正義の比較的な意味において、その人々が、他の人々から異なって扱われているかどうかに依存する。かくして、資源の分配において、ある人々が、自分たちの分け前を拒否されるとすれば、それは不公正でありうる。公正性は、そうした財が誰かに与えられるのだとすれば、それはすべての人々に与えられるべきだということを要求するだろう。

これとは異なる正義は、人々をそれに相応しいものとして扱うことに関係する。この種の正義は、非比較的である。人々が不正に扱われているかどうかは、この意味での正義によれば、当該の人々に関する事実にのみ依存する。他者が異なって扱われているかどうかは重要ではない。したがって、もし我々が誰をもその人に相応しく扱わないのだとすれば、この処遇は非比較的な意味で不正でありうる。だが、もし我々が全員を平等に不正に扱うとしても、そこには比較的な不正義は存在しないだろう。[*12]

これら二つの種類の不正義を区別することは往々にして困難ではあるし、これらの関係性については難問が存在する。[*13] ここでは一つの論点にだけ言及しておくべきだろう。非比較的な正義は、平等を生み出すように我々に命じるかもしれない。全員が等しくそれに値する場合、我々は全員の境遇を等しくすべきだ、と。しかし、この平等は単に、人々に相応しいものを与えた結果にすぎない。比較的正義だけが、平等を我々の目標に据える。

先の事例において、他の人々よりも良い境遇に相応しいような人々はいないと述べたとき、私は万人が等しくそれに相応しいということが言いたいわけではなかった。私が言いたかったのは、先の諸事例において我々が考えているのは、誰もそれに値しないような利益である、ということである。したがって、我々が関心をもつべきなのは、比較的正義だけである。

また別の重要な区別もある。正義が純粋に手続き的であるような場合もある。この正義が我々に要請するのは単に、特定の仕方で行動せよということだけである。たとえば、ある財が分割できない場合、誰もがその財を受け取るチャンスを等しく得られるように、公平なくじ引きを行うことが要請されるかもしれない。別の場面では、正義は部分的に実質的なものである。ここでもまた、正義はある種の手続きを要請するかもしれない。だが、結果がどうあるべきかについての独立した規準が存在する。その一例は、人々は平等な分け前を与えられるという主張だろう。

また、中間的な事例もある。正義は何らかの帰結を要請するのだが、それは手続き的な欠陥を避けるためにのみである、という場合である。この欠陥の一つは不公平である。公的に所有されているある種の財を分配しなければならないとしよう。仮にこれらの財を簡単に分割できるとして、もしある人々に不平等に分け与えたとすれば、別の人々は正当な疑念をもちうるだろう。これはえこひいきまたは悪質な差別を含むだろう。[*14] したがって我々は、こうした欠陥を避けるためにも、これらの財を平等に分配すべきだと考えるかもしれない。これとは少々違った仕方で、同じ結論に到達することもできるかもしれない。つまり、このような場合、我々は平等をデフォルトであると考えるかもしれない。すなわち、もしある人々に、別の人々よりも多くを与えることを正当化しようとするならば、何らかの道徳的理由を必要とする、と。

こうした見解と、平等に実質的理由を要求するような見解とは、どこが違っているのだろうか。一つの違いは次のようなものである。我々は明らかに平等に分配しようとしたのだが、我々の手続きが罪のない仕方でそれに失敗したと想定してみよう。我々が平等を目指すのは不公平や差別という汚点を避けるためだけだったとすると、この結果を修正する必要はないだろう。[*15]

ここであらためて二つの種類の平等主義について論じることができる。目的論的見解では、不平等は悪い。他方、義務論的見解では、不平等は不正義である。

＊12　Cf. Joel Feinberg, "Noncomparative Justice", *Philosophical Review*, vol. 83 (July 1974).

＊13　Cf. Philip Montague, "Comparative and Non-comparative Justice", *Philosophical Quaterly*, vol. 30 (April 1980).

＊14　以下を参照。Robert Goodin, "Egalitarianism, Fetishistic and Otherwise", *Ethics*, vol. 98 (October 1987), および "Epiphenomenal Egalitarianism", *Social Research*, vol. 52 (Spring 1985).

＊15　以下の論文で行われている区別を参照。Lawrence Sager and Lewis Kornhauser, "Just Lotteries", *Social Science Information* (Sage, London, Newbury Park and New Delhi, vol. 27, 1988).

とはいえ次のような反論があるかもしれない。不平等が不正義であるならば、まさにその理由から、不平等は悪い、と。しかし、この反論は、我々の区別の仕方を崩しはしない。義務論的見解では、不正義は特別な種類の悪であり、それは必ず不正な行いを含んでいなければならないからである。我々が不平等は不正義であると主張するとして、そのとき、我々の反論は実際には、不平等それ自体に向けられているのではない。不正義なのは、したがって悪いのは、厳密には事態ではなくて、それが生み出された仕方である。

我々の二つの見解を、最も明確に区別するような事例が存在する。ある不平等が避けられうる場合である。義務論的平等主義者にとっては、そこで何もできない場合には、いかなる不正義も存在しえない。ロールズの言葉を使うならば、もしある状況が「変更不可能なものであるとすれば……正義の問題は生じない」[*16]。

たとえば、生まれながらに持っている能力（natural endowment）の不平等を考えてみよう。我々のうちの一部は、他の人々よりも才能に恵まれて、または健康に、あるいは他の仕方で幸運に生まれる。もし我々が義務論的平等主義者であるとすると、こうした不平等はそれ自体として悪いと考えるべきではないだろう。我々は、もし才能を分配することができるならば、それを不平等に分配することは不正義または不公正であるだろうということに同意するかもしれない。だが、悪い結果が存在しない場合以外には、我々は遺伝子のランダムなシャッフルによって生み出される不平等に、嘆くべきものを見出さないはずである。

目的論的平等主義者の多くは、別の見解をとる。目的論的平等主義者は、たとえ不平等が避けられないときでも、それはそれ自体として悪いと考える。[*17]

3

ここで、ロールズのいくつかの見解を検討しておく価値がある。すでに述べたように、ロールズは、不正義は本質的に不正な行いを含んでいると想定している。受け継がれた才能の不平等について論じている箇所で、彼は次のように書いている。

生来の分配は正義でも不正義でもない……それらは単なる自然の事実である。何が正義で何が不正義なのかは、それらの事実を諸制度が扱う仕方である。

＊16 John Rawls, *A Theory of Justice* (Cambridge, Mass.: Harvard University Press, 1971), p. 291.（川本隆史・福間聡・神島裕子訳『正義論（改訂版）』紀伊國屋書店、二〇一〇年、三八五頁）

＊17 ここには厄介な事情がある。この第二の見解をとる人々は、単にこのような不平等が悪いと考えているのではない。この見解をとる人々はしばしば自然の不正義について語る。その見方では、ある人々が他の人々よりも生まれつき能力が低かったり不健康であったりすることは不正または不公正である。同様に、自然がある人々に対してより豊かな資源を授けることも不公正である。ここで不公正さについて語ることは、ときに無意味だと主張される。だが、私は無意味だとは考えない。とはいえ、この見解に関しても、我々の区別は有効である。目的論的平等主義者にとって、こうした状況は悪い事態または不正な事態である。だが、義務論的平等主義者は、我々がなすべき事柄しか考慮しない。

これは純粋に義務論的見解を示しているだろう。だがロールズは続ける。

> 貴族制やカースト制の社会が不正なのは……これらの社会の基礎構造が、自然に基づく属性に立脚しているからである。だが、人間がこうした偶然性に屈する必然性はどこにもない。[*18]

屈するという語の使い方は、自然の不平等が悪であるということを想定しているように見える。さらにロールズは別のところで次のように書いている。彼の諸原理によって統御される社会では、我々はもはや、「誰かが生まれつき、他の人々よりもより恵まれていることを不運だとみなす」必要はない。これらの見解は、ロールズが部分的には目的論的平等主義者であるということを示唆する。自然の不平等に対する反論は、私見では、彼の理論の基盤の一つであり、彼の理論を駆動する力の一つである。もしロールズがこうした不平等は不正義であるということを否定するならば、彼は不正義と不正な行為の間の分析的な関連性を保持しようとしているからでしかないだろう。そして、彼の理論の実質にとって、こうした分析的な関連性は単に術語上の解決策にすぎないだろう。

ロールズによる自然の不平等に対する反論は、自然の不平等は悪いというほどのものではなく、それが道徳的に恣意的だというものである。この反論は、ロールズも示唆するように、思想の一つの自然な流れの中で、複数の論点に繰り返し適用されうる。

我々は外的な財から出発することができる。我々は、その資源の入手可能性や発見が、いかなる意味でも我々に由来しないような資源を享受することがある。こうした資源は単純に、空から落ちてきたマナ〔旧約聖書「出エジプト記」16章などに出てくる食物〕のように現われる。もしこうしたマナが別々の人に対して不平等に落ちてくるのだとすると、そこには不平等があるだろう。これを棚ぼた（windfall）ケースと呼ぶことにしよう。

　このような場合、不平等は完全に自然の賜物の差異に起因する。こうした差異は、その最もはっきりした意味で、道徳的に恣意的である。ある人々が別の人々よりも少なくしか受け取らなかったとして、それは単純にその人々の不運である。こうした恣意的な原因をもつがゆえに、我々はこのような不平等は悪いと結論付けるのだろう。あるいは我々は、これらの不平等を資源の再分配によって補償すべきだと結論付けるかもしれない。

　次に、我々が単に受動的ではない事例を考えよう。我々は、資源を発見する仕事または資源を使えるように加工する仕事をしているとする。種を植え、鉱物を探して採掘し、海で釣りをする。または畑を耕したり、モノを生産するとする。

　我々の仕事はすべて等しく過酷であり、等しい技能を要するとしよう。この場合、労働力の投入量は同じである。だが、我々の間には依然として不平等が存在する。それは自然のインプットのなかの差異に由来する。そこには、鉱物資源の豊かさの違いがあるかもしれないし、天候あるいは土壌や海域の肥沃さに違いがあるかもしれない。こうした多様性ゆえに、我々のうちの一部は、やがて他の人々よりもかなり境遇が良くなるかもしれない。これらは、生産的運（productive luck）のケースである。[*19]

＊18　*A Theory of Justice*, op. cit., p. 102.（訳書、一三七－八頁）

これらのケースには、純粋な棚ぼたから区別しがたいものもある。我々はただ、植えた木を揺らさなければならないか、または木の実が落ちてくるところを散歩しなければならないだけなのかもしれない。そして、これらすべてのケースは、重要な点で同様であると思われるかもしれない。我々は全員が等しい技能をもって等しく過酷な仕事をするので、不平等はやはり、我々が道徳的に恣意的だと考える自然の賜物における違いに由来する、と。他の要素、つまり等しく労力をインプットしたことはこの事実を些末なものにすることができるのだろうか。それは帰結の不平等を正当化できるだろうか。我々は、正当化はできないし、こうした不平等もまた再分配を要求する、と判断するかもしれない。

ここで、第三の種類の不平等を考えよう。それは、外的資源においても人々が費やす労力においても何の違いもない場合である。不平等は完全に、人々の生来の才能に由来する。こうした遺伝的運のケースが存在する。*20

我々は、このような遺伝的差異は、重要な側面において自然の賜物における差異のようなものだと判断するかもしれない。ロールズが述べるように、それらは、当人にとって当然のものではない。我々の生来の能力は内的資源であり、マナのように単に我々の上に落ちてくるのである。

こうしたケースにおいて、人々は、特定の生まれながらの能力をもっているというだけで、より大きな報酬を受け取る場合もある。それは純粋な棚ぼたに似ている。しかし、こうしたケースでもほとんどの場合、人々は、生まれながらに備わる才能を発展させ、使う。我々は再度、こうした努力の注入は、遺伝的運の恣意性を相殺するのかどうかを問わなければならない。それは、帰結の不平等を正当化できるのだろうか。

この問いは、この論争全体において最も重要な問いであるだろう。多くの人々の答えは「イエス」である。だが、ロールズやネーゲルのように、我々は「ノー」と答えるかもしれない。我々は、これらの不平等もまた是正されるべきだと結論付けるかもしれない。

次に、第四の種類のケースを考えよう。自然のインプットが同じであり、我々すべてが等しい才能をもっているとする。しかし、我々がどれくらい熱心に働くかの違いから不平等が帰結する。これらは努力の違い（differential effort）のケースである。

ここで一つの複雑な要素について銘記するべきである。人々が熱心に働く場合には往々にして多く支払われるべきだ、という二つの反論できない論法がある。つまり、この人々はより長い時間働いたのかもしれないし、またはより不愉快な仕方で働いたのかもしれない。このような場合、超過時間手当または過酷さ手当は単なる埋め合わせであるだろうし、それは実際の不平等を生み出さない。これらは、私が想定しているケースではない。私が考えているのは、熱心に働くことを楽しみ、そうしたがゆえに、他の人々よりも境遇が良くなる人々のことである。

＊19　ここには環境的運または状況的運も含む。以下を参照。Brian Barry, *Theories of Justice* (London: Harvester, 1989), p. 239.

＊20　次のように反論する論者もいる。すなわち、我々はいま有している遺伝子以外にはもちえなかったのだから、現に保有している遺伝子をもつことは運の問題ではありえない、と。だが、ここでの「運」という言葉の使い方は、事態が別様でありえたということを含意してはいない。ここでの意味では、我々自身がそれに対して責任があるようなものではないならば、その何かは「運」である。（次を参照。Thomas Nagel, "Moral Luck", *Mortal Questions* (Cambridge: Cambridge University Press, 1979).）〔永井均訳「道徳における運の問題」前掲書〕

自然のくじの恣意性に訴える論者について言えば、多くの論者がここで止まる。努力における差異は、これらの論者にとって、こうした不平等を正当化するとみなされる。しかし、我々はさらに議論を進めるかもしれない。このような差異は二つの要素を含んでいる。努力することができる能力と、そうしようとする意思決定である。我々は、第一のものは単に別の種類の生来の能力であり、不平等を正当化しえないと判断するかもしれない。

この議論は、選択の結果の不平等だけを許容する。ほとんどの平等主義者にとって、こうした不平等は関心の外にある。まさにそれが、ある論者が、福利の平等ではなく、福利に対する機会の平等を擁護する理由である。[*21] とはいえ、さらに議論を進める人もいるかもしれない。つまり我々は、たとえある人々が熱心に仕事を楽しまなかったことが理由だからといって、またはその人々が、別の理由で自分たちの境遇を悪くする選択をしたからだとしても、ある人々が他の人々よりも境遇が悪いことは、悪いと判断するかもしれない。それらは、別種の不運にすぎないように見えるかもしれない。

今まさに描いたような考察の方向性は、多くの問いを生じさせる。ここでは、私は三つだけ簡単なコメントをしておきたい。

第一に、このような理由付けは背理法（reductio）だと思う人々もいるかもしれない。この人々はいまの議論の最後のステップを馬鹿げているとみなすとすれば、他の部分をも拒否するように導かれるかもしれない。しかし、そう考えるのはあまりに性急だろう。というのも、それより前に議論を停止させるための根拠がありうるからである。

第二に、我々は、この種の理由付けが示していると思われるものを、より明確に述べるべきだ、と言えるかもしれない。この推論は、ある種の不平等は道徳的に恣意的な原因をもつという主張に訴えている。この主張は、こうした不平等が正当化されるものではないということを示しているかもしれない。だがそれは、こうした不平等が不正義であり、是正されるべきだということは示していないだろう。この二つは、かなり異なる結論だからである。

もしこのような不平等が正当化されないのだとすると、人々は自身の有利さや、いま自分の手元にある資源に対して、積極的な主張をもたないということになる。しかしこの結論は論争の準備にすぎない。これが意味するのは、もし再分配にとって道徳的理由が存在するならば、境遇の良い人々は、それに対して原理的な反論をもちえないということである。これはさらなる主張、すなわちそこにはそうした道徳的理由が存在するのであり、再分配の目的は、平等を生み出すことであるべきだという主張でもありうる。[*22]

〔不平等が正当化されないということと、不平等が不正義だということとの〕違いは、次のように示されうる。功利主義者もまた、もし資源の分配が恣意的な自然の原因をもつならば、それは正当化されないと主張するかもしれない。それゆえ、再分配に対してはいかなる反論もあり得ない、と功利主義者は主張するかもしれない。しかし、功利主義者の見解では、最善の分配とは、利益の総計を最大化させるような分

＊21 以下を参照。G. A. Cohen, "On the Currency of Egalitarian Justice", *Ethics*, vol. 99, 1989, および R. Arneson, "Equality and Equal Opportunity for Welfare", *Philosophical Studies*, vol. 56, 1989.〔本書第2章〕

＊22 以下を参照。Nozick, *Anarchy, State, and Utopia*, op. cit., p. 216. および Nagel, *Mortal Questions*, op. cit., p. 119.

配である。利益の総計を最大化させるような分配は、道徳的に恣意的ではないだろう。しかしそれは平等な分配でもないだろう。

第三に、ロールズは功利主義者を彼の主な論敵とみなしている。理論のレベルでは、彼は正しいのかもしれない。だが、私が論じてきた問いは、実践的により重要である。仮に、自然が我々の一部により多くの資源を与えるとして、我々はこれらの資源を確保すること、そしてそれがもたらす富に対する道徳的な請求権をもつだろうか。もし我々が偶然、溢れる才能をもって生まれ、その結果より多くを生産するとして、我々はより多くの報償に対する請求権をもつのだろうか。実践的な側面では、ロールズの主な論敵は、この問いに対して「イエス」と答える人々である。平等主義者と功利主義者はいずれも「ノー」と答える。両者とも、このような不平等は正当化されないという点で合意する。こうした請求権に反対する点で、ロールズ、ミル、シジウィックはみな同じ陣営にいる。

4

私は二種類の平等主義的見解を区別してきた。目的論的見解によれば、我々は、不平等はそれ自体として悪いまたは不公正であると考えている。義務論的見解によれば、平等に対する関心とは、我々が何をなすべきかに関する関心にすぎない、ということになる。

では、この区別がなぜ重要なのだろうか。この区別は理論的な含意をもつからである。後で見るように、これら二つの見解は、異なった仕方で擁護されうるしまた攻撃されうる。また、今からその一部について言及するような、実践的な含意もある。

この二つの見解には多くのバージョンがある。義務論的見解については特に、それが実際には様々な見解の集合であるということが当てはまる。目的論的および義務論的見解は、実践的には一致するかもしれない。目的論的な見解がある種の不平等は悪いと主張するときにはいつでも、義務論的な見解もまた、もしそれを防ぐことができるならばそうすべきだと主張する、ということは真かもしれない。だが、この二つの見解の様々なバージョン――それは実際、より進歩しており、またもっともらしく見える――を注意して見ると、それらが対立する場合があることに気付く。

目的論的見解は、義務論よりもより広い射程をもつことが多い。すでに述べてきたように、もし我々が、ある人々が他の人々よりも境遇が悪いことがそれ自体として悪いと考えるのだとすれば、我々は〔第一に〕、その人々が誰であれ、それは悪だと考えるだろう。これらの人々がどこに住んでいるか、つまり同じコミュニティにいるのか異なったコミュニティにいるのかは、何ら違いを生じさせないように思われるかもしれない。我々はまた〔第二に〕、ある人々が他の人々よりも、どの側面で境遇が悪いのかは重要ではないと考えるかもしれない。たとえば、収入がより少ないのか、健康状態が悪いのか、あるいは他の仕方で不運なのかは重要ではない、と。い、か、な、る、不平等も、それがその人々に相応しいものではなくかつ選択されたものでない限り、悪いと考えるかもしれない。また、第三に、この不平等がどのように生じたのかが違いを作り出すとは考えないかもしれない。これらのことは、まさに固有の悪(intrinsic badness)という観念によって含意されている。もしある状態がそれ自体として悪いならば、それがどうやって生み出されたのかは重要ではないのである。

他方、もし我々が義務論的平等主義者であるならば、我々の見解は今のような特徴のどれももたないだろう。

義務論的見解には多くのバージョンがあるが、一つの大きなグループは、広い意味での契約主義である。この立場は、しばしば互酬性または相互的利益という理念に訴える。この種の見解のなかには、財が協力して生産される場合、そして誰も特別な請求権をもたない場合には、その貢献者すべてが等しい分け前を得るべきだ、と言う論者もいる。ここには二つの制約がある。第一に、分けられるものは、協力の成果だけである。他の財、たとえば自然に由来する財などについては何も述べられていない。第二に、分配は、これらの財を生産した人々しかカバーしない。貢献できない人々、たとえば障害者や子どもも、または未来世代は、いかなる請求権ももたない[*23]。

この種の見解をとる論者でも、それほど制約しない立場もある。それによれば、同じコミュニティのすべての成員と、すべての種類の財がカバーされうる。しかし依然として、部外者は除外される。他の人々がはるかに境遇が悪いかもしれないということは、重要ではない。

この見解では、異なるコミュニティにいる人々の間で不平等が存在しているとしても、それは誰かの関心事になる必要はない。現在グローバルな規模で莫大な不平等が存在するがゆえに、この制約は計り知れない重要性をもつ。（ここにはこの論点を理解する一つの方法がある。平等主義者が特定のコミュニティ内部での不平等だけに反対するのだとすれば、この立場は、グローバルな規模では、功利主義的見解に比べてより少ない再分配しか要請しないだろう）

次に因果性の問題を考えよう。目的論的見解は、すべてのケースに自然に適用される。それによれば、我々はできるならば、つねに不平等を防止または減らす理由をもつ。

仮に我々が義務論的平等主義者であるとしても、同じように考えるかもしれない。しかしその望みは薄い。義務論的見解は帰結の善さについてのものではないので、諸行為から帰結する不平等しか、または意図的に生み出された不平等しかカバーしないだろう。そして、義務論的見解は、我々自身が生み出した不平等だけに関心を絞るように命ずるだろう。

一つの例がある。きわめて制約された仕方でではあるが、ゴーシエ（Gauthier, D.）は義務論的平等主義者である。彼は次のように書いている。「もし生まれながらの資質の分配者が存在したとするならば……我々は、取り分は可能な限り平等であるべきだと理に適った形で想定できるだろう」[*24]。しかし、これらの資源が自然によって分配されている場合には、ゴーシエは不平等に対して何ら反論をもたない。彼は、自然のくじの結果を緩和する根拠は何ら存在しないと考えている。

この見解では、何らかの分配に対して我々に責任がある場合には、それを平等に分配すべきである。だが、我々に何も責任がない場合には不平等は不正義ではない。責任がない場合には、道徳的に不都合なところは何もない。我々は、再分配によってこうした不平等を取り除く理由をもたないのである。

これは果たして擁護可能な立場だろうか。我々がある資源を分配しようとしているとする。我々は、

＊23　たとえば以下を見よ。David Gauthier, *Morals by Agreement*（Oxford: Oxford University Press, 1980）pp. 18 and 268.（小林公訳『合意による道徳』木鐸社、一九九九年）

＊24　Gauthier, op. cit., p. 220.（同上訳書、二六三頁）

人々に等しくそれを与えるべきだということに同意する。ここで、突風が我々の手からこれらの資源をかっぱらってしまい、資源の分配が不平等になるとする。我々は再分配するいかなる理由ももたないのだろうか。

ここで平等に分配すべきだと考えるとして、その理由に違いが生じる。第一に、我々の関心が手続き的正義にあるとする。この場合、我々は、平等に分配すべき理由は、それだけが不公平を避ける方法だからであると考える。または、我々は平等がデフォルトであると考えるかもしれない。つまり平等とは、不平等に分配することを正当化できないときに、我々が目指すべきものである、と。自然の不平等が存在する場合には、この二つの考え方のどちらも適用されない。自然は差別的ではないし、自らがすることを正当化すべき行為者でもない。この立場からすると、もし我々が分配するとすれば、我々は平等に分配すべきである。だが、この場合、我々が分配するべきだと考えるための根拠は存在しない。分配者が自然であるとすれば、そこには何ら不公平は存在しない。元通りにする必要のあるモノなど何も存在しない。

次に、我々の関心が実質的正義にあるとしよう。この場合、我々の目的は、単に手続き的な欠陥を避けるだけではない。なぜなら、どのような結果が生じるべきかについての独立した規準をもつからである。この立場から、我々は、可能であるならば、正しい結果を生み出すために介入するべきであると信じるかもしれない。だが、先と同じく、この信念はこの立場の一部である必要はない。手続き的正義の場合と同じく、我々は、もし分配するとすれば平等に分配すべきだということだけを信じるだろう。自然に不平等が生じる場合には、この見解は適用されないだろう。

目的論的見解では事情が変わってくる。この見解によれば、そうした不平等もそれ自体として悪いか、または不正である。目的論的見解からすれば、我々は再分配する理由をもつ。議論の重点は変わる。もし人々が再分配に反論するなら、その人々は反対理由を提示するべきである、と。

ここで、その反対理由のいくつかに言及しておくことには意義がある。我々が平等に分配すべきであるとしても、ひとたび自然の分配がなされたならば、それに介入することは不正であると主張する人もいるかもしれない。この主張は、自然であることが正しいことだ、または——今や擁護困難な仮定だが——現状が特権であると仮定しているように見えるだろう。とはいえ、この主張を擁護するであろう人々には別の方法もある。つまり、行為と不作為の違いや、消極的義務と積極的義務の違い、またはその種の何かに訴えることができるかもしれない。[*25]

ある場面ではこのような立場はもっともらしい。何らかの自然のプロセスが、多くの人を殺す恐れがあるとする。仮に、我々が介入して、多くの人々を救う手段として一人の人を殺害すれば、人々を救うことができるとする。ここで、多数の死の方が、一人の死よりも悪い結果であるとしても、一人の人を殺害するような介入はすべきではないと考える人は多い。これら二つの帰結のなかで、より悪い結果を生じさせる自然のプロセスを、我々はそのままにするべきである、と。

この見解を不平等に適用することはできるだろうか。もし何らかの自然のプロセスが不平等な仕方で

＊25　以下を参照。Nagel, *Equality and Partiality*, op. cit., pp. 99–102, また、トマス・ポッゲによるノージックに関する議論も参照。Thomas Pogge, *Realizing Rawls* (Ithaca: Cornell University Press, 1989), ch. 1.

資源を分配したとして、そうした不平等が結果をより悪くするとしても、我々はそれに介入すべきではないと、今と同じ仕方で主張できるだろうか。それはあまりもっともらしくはないと思われる。殺害のケースでは、我々の反論は、殺人という行為の特別な特徴に訴えるかもしれない。それは、殺される個人と我々との関係性や、この人の傷つけられないことに対する権利、またはこの人の死が手段として用いられるという事実などである。自然の分配を正す場合には、こうした特徴はどこにもないと思われる。風が吹いて、多くのマナを特定の人々の上に落としたとして、我々は結果としてそれがより悪いことだと認めるとする。ここには、再分配を制約するための何の根拠も存在しないと思われる。もし我々が、万人が等しい分け前をもつために、この人々の元にある過剰なマナを持ち去り再分配するとして、我々はこれらの人々を傷つけているわけではないし、手段として使っているわけでもない。

次に、自然の分配が生じたならば、人々は権原を獲得しているのだ、という主張もあるかもしれない。純粋な突風のケースにおいては、このような主張はこじつけに見える。マナがあなたの元に落ちてきたという事実は、それをあなたのものにはしない。だが、これに似た主張は多くなされている。あなたは、マナが落ちてきた土地に対する妥当な主張を行ったのであり、そのことがマナをあなたのものにするのだ、と言えるかもしれない。あるいは、あなたがひとたびマナと相互作用をするならば――または、あなたの労働をマナに混ぜるならば――それはあなたのものになる、と言うこともできるかもしれない。

この種の主張は、それが実在する制度的な枠組みや合意のなかでなされる場合には、ある種の力をもつかもしれない。だが、ここで我々は、より根本的な問いについて論じたい。我々の制度や合意とは何であるべきなのか、という問いである。もしこの種の主張が、この問いに対する答えとして説得的でないとすれば、我々は純粋な突風のケースにおいても再分配すべきだということを認めるかもしれない。そして、この主張は生産的運のケースでも擁護することが困難になるかもしれない。もし我々がこの主張をここで否定するとすれば、遺伝的運のケースでそれを擁護することも難しくなるかもしれないし、それに類するいかなるケースについても難しくなるだろう。

義務論的見解をもつ人々にとっては、こうした主張を行う必要はない。この見解によれば、自然の不平等はそれ自体として悪いわけではないのだから、再分配を支持する議論は存在しない。かくして、それに反対する議論もする必要がない。これは、〔再分配に反対する〕保守主義者にとっては一つの強い立場である。

5

ではこれから、目的論的見解に対する二つの反論を考えていこう。

この見解の最広義のバージョンによれば、いかなる不平等も悪い。たとえば、ある人々が目が見えて、他の人々が盲目であることは悪い。したがって、我々は、もし可能ならば、目の見える人から眼球の一つを取り出して、それを盲者に与えることに対する理由をもつだろう。これは恐ろしい結論だと思われるかもしれない。

平等主義者は、この結論を避けたいと考えるならば、自らの立場を資源の不平等にだけ適用する主張をするかもしれない。だが、ノージックが述べるように、このような制約を説明することは難しいだろう。もし自然の不平等がそれ自体として悪いならば、目の見える人と盲者の間の不平等についてはなぜ悪いと言えないのだろうか。

我々はこの結論によって怖気付くべきだろうか。いくつかの関連性のない複雑な論点は脇に置いておいて、この事例をさらに洗練させよう。何らかの遺伝的な変異により、人々は今後双子として生まれてくることになるとする。そのうち一人はつねに盲目である。そして、この状況で、普遍的な政策として、誕生後に、両目が見える子どもから眼球を一個、盲目のきょうだいに移植する手術が行われるとする。この手術は強制的な再分配である。なぜなら新生児は手術に同意を与えることはできないからだ。だが、私はこうした政策は正当化されるのではないか、と考える方向に傾いている。

我々のなかには、これに同意しない人もいるだろう。我々は、人々は生来自らに備わっている器官を保全する権利をもっていると考えているのかもしれない。だが、この信念は、目的論的見解を斥ける根拠を提供しないだろう。平等主義者も、国家はこうした器官を再分配するべきではないということに同意することはできるかもしれない。平等が唯一の価値であるとは考えていないので、この例では、他の原理の方がより重みをもつと考えることもできるかもしれない。この立場が信じているのは、もし我々すべてが片方の目が見えるとして、それは、我々の半分が両目をもち他の半分が盲目であるよりも、ある一点においてはより良いということだけである。この信念は決して忌まわしいものではなく、明らかに真である。仮に我々すべてが片目しか見えないとしても、そのことは、さもなければ盲目であった人々すべてにとってより良いことであるだろう。[*26]

第二の反論はより深刻である。もし不平等が悪いならば、その消滅はある面ではより善い方向への変化であるに違いない、たとえその変化がどのように生じようとも。境遇の良い人々が何らかの不運に見舞われたと考えてみよう。それによってこの人々は、他のすべての人々と同じ程度に境遇が悪化する。この出来事は不平等を除去するので、この出来事が人々の一部に対してより悪いとしても、目的論的見解からはある面では歓迎すべきことである。こうした含意は多くの人にとって非常に馬鹿げているように見える。私はこれを水準低下批判（Levelling Down Objection）と呼ぶ。[*27]

まず最初に、生まれながらの能力における不平等を遺憾に思う平等主義者を考えてみよう。その見解では、我々が目の見える人から眼球を取り去るとして、それを盲者に与えず、単純に目の見える人を盲者にするとしても、ある面ではより善いということになるだろう。それは、たとえ盲者にとっていかなる点でもより善かったとは言えないとしても、ある面では善いことになるはずである。我々はこれを信じることは不可能だと思うかもしれない。平等主義者が資源における不平等だけを悪いと考えているのだとすれば、この形式の批判は避けられるかもしれない。だが、平等主義者は、何らかの自然災害のなかで、境遇の良い人々が超過分の資源をすべて失うとして、それが誰にも利益を与えなかったとしても、ある面ではより善いはずだということを立場上認めなければならない。この結論はほとんど受け入れが

＊26　以下を参照。Nozick, *Anarchy, State, and Utopia*, op. cit., p. 206.（ただし、ここでのノージックの標的は平等の原理ではなくロールズの格差原理である）

＊27　こうした反論はたとえば次で示唆されている。Joseph Raz, *The Morality of Freedom* (Oxford: Oxford University Press, 1986) ch. 9. および Larry Temkin, *Inequality*, op. cit., pp. 247-8.

たいと思われるだろう。

水準低下批判に訴えることで平等主義者を批判するためには、水準低下によって平等を生み出すことは悪いだろうという主張では不十分だという点は、ここで繰り返しておくに値する。すでに見たように、平等主義者は多元主義者なので、目的論的平等主義はこの主張を受け入れることもできる。我々の批判は次のようなものでなければならない。もし我々が水準低下によって平等を達成するならば、そこには我々が行ったことに関して、善いところは一切ない、と。さらに我々は、もし自然災害が万人の境遇を等しく悪化させるとして、そこにはどんな点でも望ましいところはない、と主張しなければならない。これらの主張は、たとえ目的論的平等主義が多元主義的な形式をとるとしても、その見解と矛盾する。

水準低下批判に戻ろう。いま銘記すべき点は、義務論的見解からはこの種の批判のすべてを避けることができる、ということである。もし我々が義務論的平等主義者であるとすれば、我々は、不平等は悪いということは信じてはいないので、もし不平等が水準低下によって除去されたとして、そこにはある面で善さがあるということを受け入れるよう強いられることはない。我々は不平等を除去する理由をもつのだが、それは、我々のやり方が境遇の悪い人々に利益を与えるときのみであり、かつそれだけの理由でなされる場合だと考えることができる。または、我々は、ある人々の境遇が他の人々よりも悪化するとして、それが当人たちの過失や選択によるものではない場合、この人々は他者のレベルに引き上げられる特別な請求権をもつが、他者を自分たちのレベルに引き下げることについてはいかなる請求権ももたない、と考えることもできるかもしれない。

6

かくして、目的論的見解と義務論的見解の間にはいくつかの差異がある。両者は一致するかもしれないが、それぞれ異なる射程と異なる含意をもつ見込みが高い。また、いままさに見たように、両者はそれぞれ違った仕方で批判を受けうる。もし我々が平等主義者だとして、重要な点は、我々はどのような種類の見解をもっているのかを決めることである。

水準低下批判によって我々が強い印象を受けたとすれば、義務論的見解に惹かれるかもしれない。だが、もし我々が目的論的見解を諦めるのだとすると、我々の信念のいくつかを正当化することがより困難だということに気付くだろう。不平等がそれ自体として悪いのでないならば、たとえば、なぜ我々は資源を再分配すべきかを説明することは、さらに困難になることに気付かされるだろう。

我々の信念のいくつかもまた捨て去るべきかもしれない。もう一度分割された世界を考えてみよう。そこでは二つの可能的な状態が存在する。

(1) 半分は100　半分は200

(2) 全員が145

帰結(1)では、不平等が存在する。だが、この二つの集団はお互いに、他方が存在することに気付いていないない。この不平等は故意に生み出されたものではなく、また意図的に維持されているわけでもない。この不平等は不正な行いを含まないので、そこにはいかなる不正義も存在しない。義務論的見解からは、ここで言うべきことは何もない。この見解からすれば、我々は(1)が(2)よりも悪いと主張することはできない。もし我々が(1)の方がより悪いと考えるとすれば、そしてそれは不平等だからだと考えるとすれば、我々は目的論的な形態の平等主義を受け入れなければならない。〔この立場からは〕我々は(1)における不平等はそれ自体として悪いと主張しなければならない。

しかし、我々は別の説明を与えるかもしれない。我々は、平等を信じているのではなく、むしろ、境遇の悪い人々についてとりわけ関心があるのかもしれない。このことは、我々が(2)を望ましいとする理由になりうる。

この別の説明を考えよう。

7

ネーゲルは、彼が想定したケースを論じるなかで次のように書いている。

もし都市に引っ越すことを選ぶならば、それは平等主義的な決断だろう。第二子に利益を与えることの方がより切迫している。……この切迫性は必ずしも決定的なものではない。その他の考慮がそれを上回るかもしれない。平等は唯一の価値ではないからである。だが、切迫性は一つの決定要因であり、それは第二子の境遇の悪い立場に依存している。彼の状況を改善することは、第一子の状況をそれと同等かまたは多少大きく改善するよりも重要である。[*28]

この一節は、平等が価値をもつという考え方を含んでいる。だが、この一節は別の考え方をより重視してもいる。ネーゲルは境遇が悪い子どもが利益を得ることの方が重要だと考えている。この発想は、我々を、平等主義とは大きく異なる見解に導く。

第一に、境遇が悪い人々について考えよう。苦痛に苛まれていたり貧窮していたり、あるいは、重要なニーズを満たすことができていない人々である。我々がこうした人々への援助を優先すべきだということは、広く主張されている。功利主義者でさえもそのように主張するだろう。というのも、もし人々の境遇が悪いならば、その人々を援助するのはより容易なことが多いからである。

私が関心をもつのは、功利主義とは異なる見解である。この異なる見解によれば、こうした人々を援助することは、たとえそれがより困難であったとしても切迫性が高い。功利主義者は、我々は、こうした人々をより多く助けることができる場合にはそれを理由として、この人々を優先すべきだと主張するのに対して、この見解は、たとえこの人々を少ししか助けることができなくても、我々はそれを優先すべきだと主張する。まさにこの点が、この見解を功利主義とは区別される立場にする。

この見解を、境遇が良い人々と悪い人々という二つの集団だけに適用する論者もいる。[*29] しかし私は、

*28 Nagel, *Mortal Questions*, op. cit., p. 124.（訳書、一九四頁）

この見解を全員に適用できるような、より一般的なバージョンについて考えたい。私はそれを次のように呼びたい。

優先主義　人々に利益を与えることは、その人々の境遇が悪いほど、より重要になる。

功利主義者にとって、個々の利益の道徳的な重要性は、この利益がどのくらい大きくなるかだけによる。優先主義者（Prioritarians）にとって、利益の道徳的重要性は、この利益がもたらされる人々の境遇の程度にも依存する。我々は、利益を享受するのが誰であれ、同等の利益に対して同等のウェイトを与えるべきではない。より悪い境遇の人に対する利益に、より重いウェイトを与えるべきである。[*30]

平等主義的多元主義の見解と同様、この見解はロールズ的な意味で直観主義である。それは、境遇の悪い人々に対して与えるべき優先性がどれくらいかについては述べない。この見解によれば、境遇の悪い人に与えられるべき利益よりも、境遇の良い人に与えられる十分な量の利益の方が道徳的に重視されうるかもしれない。何が十分な量なのかを決めるためには、我々は自らの判断力を使うしかない。

平等に対する信念と同じく、優先主義も、目的論的なものでも義務論的なものでもありうる。つまりそれは、帰結がより善いかどうかについての見解でありうるし、また、我々は何をするべきかだけに関する見解でもありうる。だが、私の議論の大部分にとってはこの違いは大きな問題ではない。

8

この見解について、より詳細に検討していこう。我々は誰に優先性を与えるべきなのだろうか。三つの答えがある。

(1) その人生が全体として状態が悪い人々
(2) ある時点で、境遇が悪い人々
(3) 道徳的に、より切迫したニーズをもっている人々

(1)と(2)は往々にして異なる。二人のうち一人は、現時点でより境遇が悪いかもしれないが、かつては境

＊29 以下を参照。H. Frankfurt, *The Importance What We Care About* (Cambridge: Cambridge University Press, 1988), ch. 11 および Joseph Raz, *The Morality of Freedom*, op. cit., ch. 9.

＊30 他の何人かの論者もこうした見解を示唆してきた。たとえば以下を参照。Thomas Scanlon, "Nozick on Rights, Liberty, and Property", *Philosophy & Public Affairs*, vol. 6, no. 1, Fall 1976, pp. 6–10, Joseph Raz, *The Morality of Freedom*, op. cit., Harry Frankfurt, "Equality as a Moral Ideal", in *The Importance What We Care About*, op. cit., David Wiggins, "Claims of Need", in his *Needs, Values, Truth* (Oxford: Blackwell, 1987)〔奥田太郎訳「ニーズの要求」『ニーズ・価値・真理―ウィギンズ倫理学論文集』勁草書房、二〇一四年〕, Dennis McKerlie, "Egalitarianism", *Dialogue*, vol. 23 (1984), and "Equality and Priority", *Utilitas*, vol. 6 (1994).

遇が良かったし、将来も良いという場合がある。

それとは対照的に、(2)と(3)は通常は一致する。二人のうち一人が切迫したニーズをもっている場合、この人はその時点でより境遇が悪いことが多い。だが、ニーズの切迫性に関するある種の見解によれば、つねにそうなるわけではない。障害をもつAと、健康だが不運なBを比較してみよう。Aのもつ様々な利益が全体としてはAの境遇をBよりも良くしているが、Aの車椅子に対するニーズは、Bのもつどのニーズよりも切迫していると主張されうる。[*31]

(1)と(2)との間の選択は、ネーゲルが、分配原理に対する単位と呼ぶものについての選択である。つまりそれは、分配原理を我々が適用する項目のことである。[*32] ネーゲルはこれらの単位を「個々の人格、個々の人間の生活」として理解する。彼はさらに次のように書いている。「ある制度を平等主義にするのは、人生の見通しが全体として最下層に置かれている人々の請求権に、その制度が与える優先性である」。ロールズや他の多くの論者も同様の見解をとっている。

人生全体が重要な単位であるとすると、そのことは、境遇が悪い人々に優先性を与えることと、より切迫したニーズの充足に優先性を与えることとの間の違いを大きくする。

ネーゲルはときには、この二つのうちの後者を支持している。したがって、彼は平等主義的見解が「諸ニーズの間の優先順序を確立し、最も切迫したニーズを優先する」と主張する。さらに彼は次のように述べる。

順序付けは、第一に、すべての者の最も基本的な要求の観点から、次のすべての者の二番目に基本的な要求の観点から等々、容認可能でなければならない。……この原理は、他の人のあまり切迫していないニーズに対して、自らの最も切迫したニーズの充足を優先するよう求める要求を、各人が有することを認めている。[*33]

このことが含意しているのは、我々は、個人ではなくてニーズに優先性を与えるべきだ、ということである。全体として境遇が良い人のより切迫したニーズが、境遇が悪い人のそれほど切迫していないニーズに対して優先される。

だが、ネーゲルはこの含意を看過してしまっているように思われる。彼は次のようにも述べている。「優先性は、その人生全体を考えた場合に、より切迫したニーズをもっている人々に与えられる」[*34]。この主張は、私が行ってきた区別をなくしてしまっている。Xの境遇は、これまでの人生のほとんどの期間、また今後もおそらくはYよりも良いとしても、Xのニーズは、いま現在はYのニーズよりも切迫している。もし我々がより切迫したニーズに優先性を与えるべきだとするなら、我々はXを助けるべきである。

＊31　以下を参照。Frankfurt, *The Importance What We Care About*, op. cit. p. 149.

＊32　Nagel, *Mortal Questions*, op. cit., p. 111. 私は別のところで次のように主張したことがある。人格の同一性に関して真だとみなされる事柄について、これらの単位を特定時点の人々とみなすことを擁護する議論が存在しており、この見解では、我々の分配原理は消極的功利主義に向かうことになる、と。

＊33　*Mortal Questions*, op. cit., pp. 117 and 121.（訳書、一八三、一八九頁）

＊34　前掲書、p. 121.

他方、もし我々が人生全体として境遇が悪い人に優先性を与えるべきならば、Yを援助するべきである。

我々が与えるべき答えはどちらなのだろうか。次の二つの援助プログラムの一方を支持することができると考えてみよう。一つは、富裕層がときどき罹る、苦痛に満ちた病を治療するプログラムである。二つ目は、この富裕層と同数の貧困層に対して、新しい運動場を作るための助成金を支給したり、海岸リゾートでの休暇を提供したりすることで、利益を与えるプログラムである。このどちらが優先性をもつべきだろうか。

この仮想事例が意味をもつためには、仮に治療が行われなくても、富裕層は全体としては境遇が良いということが成立していなければならない。また、我々の意思決定が富裕層には少ししか違いをもたらさない、ということも真でなければならない。つまり治療は、些細な利益しか与えない。我々は、当該の治療はこの苦痛に満ちた病気を大幅には改善しないだろうと想定できる。富裕層と貧困層にもたらされる利益はいずれも快楽主義的な利益なので、それは人々の選好に訴えることによって大まかに推計されうる。そこで、次のように想定しよう。万人が、海岸リゾートの休暇や新しい運動場を、この治療で軽減される苦痛の量よりも好んでいる、と。

我々は、こうしたケースにおいても、苦痛の軽減が優先されるべきだと考えているとする。そして我々は、たとえば障害によって生み出されるような、その他の切迫したニーズについても同じような見解をもっているとする。そうだとすると我々は、いずれにしても平等主義的ではない見解をもっていることになる。我々は、ここで重要な関連性をもつ意味で境遇の良い人々に、より少ない利益を与えることの方がより重要だと考えているからである。

私はこのような見解が馬鹿げているとは思わない。だが、ここではこの見解は問題になっている事柄と大きくかけ離れるので、脇に置いておこう。優先主義を、私は次のような見解として想定したい。すなわち、それによれば、我々は、特別なニーズを満たすことではなく、境遇の悪い人々に利益を与えることに優先性を与えるべきである。そして、いまの事例においては、ある時点で境遇が悪い人々と、人生全体を通して境遇が悪い人々との間には何ら違いはない、と想定したい。

9

優先主義と平等主義はどのような関係にあるのだろうか。

優先主義によれば、道徳的により重要なのは、境遇の悪い人々に利益を与えることである。だがこの主張はそれ自体としては、優先主義を〔平等主義と〕異なる見解としては定義しない。どんな平等主義でも同じ主張をしうるからである。我々が平等を目標にすべきであると信じるならば、境遇の悪い人々に利益を与えることがより重要だと当然考えるだろう。この利益は不平等を減らすからである。境遇の悪い人々の利益に優先性を与える理由が、もしこのようなものだとすると、我々が考えているのは優先主義ではない。優先主義によれば、ここで私が定義しているように、我々は平等を信じているのではない。我々が境遇の悪い人に優先性を与えるのは、それが不平等を減らすからではなく、別の理由からである。これこそが、優先主義を際立った見解にするものだからだ。

先に見たように、我々は混合説をとるかもしれない。理由の一部は不平等を減らすからだが、一部はまた別の理由から、我々は境遇の悪い人に優先性を与えるのかもしれない。しかし、このような混合説は、独立した議論を必要としない。優先主義の純粋なバージョンを考察するだけで十分である。

平等主義の見解とこの見解にはどのような違いがあるのだろうか。

一つの違いは純粋に構造的な違いである。すでに見てきたように、平等を我々にとって唯一の価値にすることは難しい。我々が平等主義者であるとすると、我々はより複雑な見解をもたざるをえない。したがって、目的論的な形式をもつ多元主義によれば、不平等は悪いという信念は、利益は善いという信念に結びついている。それに対して、優先主義は一つの完結した道徳説として保持されうる。この見解は、利益は善いという考え方を含む。優先主義が加えるのは、この利益は、それを受け取る人が不遇であればより重要な問題になる、ということだけである。功利性の原理と結び付けられうるような平等の原理とは違って、優先主義は、功利性の原理に取って代わることができる。優先主義は、我々が必要としている唯一の原理とみなされうる。

主要な相違点はこのような形で導入できる。すでに述べたように、優先主義によれば我々は平等を信じてはいない。我々は、ある人々が別の人々よりも境遇が悪いことを、それ自体として悪いとか不正義だとは考えない。このような主張は誤解されうる。もちろん我々は、ある人々の境遇が悪いことは悪いと考えている。だが、ここで悪いのは、その人々が他者よりも境遇が悪いということではない。そうではなく、悪いのは、まさにその人々がそうであったかもしれない状態よりも境遇が悪いことである。

次に、優先主義の中心的主張を考察しよう。境遇が悪い人々に対する利益は、より重要な問題になる、という主張である。いまと同じような曖昧さが道に迷わせうる。この見解によれば、もし私があなたよりも境遇が悪いとして、私に対する利益はより重要である。だがそれは、私があなたよりも境遇が悪いからなのだろうか。ある意味では「イエス」である。だが、私に対する利益の方が重要だということは、私とあなたの関係性とは何の関わりもない。

ここで、アナロジーを使うことが理解の助けになるかもしれない。高地に住む人々は呼吸が苦しい。それは、この人々が他の人々よりも標高が高いところに住んでいるからだろうか。ある意味では「イエス」である。だが、たとえ他に誰も低地に住んでいる人が存在しなかったとしても、この人々は同じように呼吸が苦しいはずである。この例と同様、優先主義によれば、境遇が悪い人々に対する利益がより重要なのだが、それは、その人々が絶対的に低い水準に置かれているからのみである。これらの人々が他者よりも境遇が悪いということは重要な関連性をもたない。仮に、より境遇の良い他者がいなかったとしてもこの人々に対する利益はまったく同程度に重要だろう。

したがって、これが主要な相違点である。平等主義者は相対性に関わっている。つまり各々の個人の水準が、他の人々の水準と比較してどの程度なのかに関わる。優先主義によれば、我々が関心をもつのは、人々の絶対的な水準だけである。[*35]

＊35　ラズは、この違いを巧みに説明している。彼は次のように書いている。

様々な不平等に我々の目を向けさせるのは、その不平等自体ではなくて、より根底にある原理によって同定される関心である。それは、飢えた人の飢えであり、多くのニーズをもつ人のニーズであり、病者の苦しみ等々、である。これらの人々がこれは根本的に構造的な違いである。この違いゆえに、この二つの見解が異なった含意をもついくつかの仕方がある。

その一例は射程に関わる。目的論的平等主義者は、すでに述べたように、広い射程をもつ。目的論的平等主義者は、たとえお互いに何ら関わりをもたない人々の間に存在するとしても、不平等は悪いと考えるだろう。だが、これは疑わしい見解のように思える。あるはるか遠い土地にいて、私のまったくあずかり知らないようなところで、私よりも境遇が良い人々がいるとして、それがなぜ悪いのだろうか。

優先主義によれば、こうした疑いが生じる余地はない。この見解は自然なかたちで普遍的な射程をもつ。そしてそれは、目的論的な優先主義にも、義務論的な見解にも当てはまる。二人の人のうち一方に利益を与えることが、この人の境遇が悪いという理由でより重要であるとすれば、それは、この人々が同じコミュニティにいるかどうかも、またお互いにその存在に気付いているかどうかも関連性をもたない。この人に利益を与えることの大きな切迫性は、他の人々への関係性には依存しない。それは、当人の低い絶対的水準だけに依存する。

この二つの見解の構造的な差異を踏まえると、また別の仕方で、両者は異なる含意をもちやすいことがある。私はここではそれを詳論できない。しかし、私はこれらの見解が最も深刻に意見を異にする種類のケースについて描写してきた。水準低下批判が提起する様々なケースがある。平等主義者は、不平等はそれ自体として悪いと信じているがゆえに、この批判に直面する。もし優先主義を受け入れるならば、我々はこの批判を避けられる。我々は、より境遇が悪い人々により大きな関心を払う。だが、今まさに見たように、我々の関心にとって、より境遇の良い人が他に存在するかどうかは何の変化も与えない。この見解によれば、不平等が人々にとって悪くない場合には、それは端的に問題にならない。もし境遇の良い人が何らかの不運を被っているとして、それによってこの人々は他の人々と同じ程度に境遇が悪化したとして、我々は、これをいかなる意味でもより善い変化であるとは考えない。

その隣人に比べて重要な点で境遇が悪いという事実は、たしかに重要である。だが、それが重要であるのは、不平等に独自の悪質さ（evil）があるからではない。その重要性は、飢えがより酷いこと、ニーズがより切迫していること、病者の苦痛がより痛ましいことなどが示されることにある。したがって、平等に対する我々の関心ではなく、飢えた人や、ニーズを多くもつ人、苦しんでいる人への我々の関心が、その人々に優先性を与えさせるのである。（*The Morality of Freedom*, op. cit., p. 240.）

我々は、異なる人々にとっての利益を比較する際、容易に、その相対的水準への関心と絶対的水準への関心を混同してしまう。優先主義によれば、二人のうち一方の境遇が悪いとすれば、この人に利益を与えることが、より重要である。既に述べてきたように、それがより重要であるのは、この人が絶対的に見て低い水準にあるからである。だが、これをより低い水準と呼ぶことによって、この二人の水準の間にある関係を描写せざるをえなくなってしまう。（私がときに次のように言うのはそのためである。つまり、人々に対する利益は、当該の人々の境遇が悪ければ悪いほど、より重要である。）

10

私は、優先主義をとると、我々は平等に肩入れしないということの意味について説明してきた。我々は境遇の悪い人々に利益を与えることを優先するのだが、それは、その利益が不平等を減らすからではない。

優先主義に対しては、我々はときには平等を目指すべきではないか、と反論されるかもしれない。だが、このことは我々を平等主義者にするには不十分である。同じように、功利主義者も、時には不平等が悪い結果をもつがゆえに平等を目指す。だが、功利主義者は、平等を単なる手段とみなすので平等主義者ではない。

このアナロジーはさらに進める価値がある。功利主義者にとって、福利ではなく資源の平等を目指すには重要な理由が存在する。この理由は、限界効用の逓減に訴える。または、もし境遇の良い人々に資源が渡ってしまうと、資源はこれらの人々に対して少ない利益しかもたらさない、という主張に訴える。かくして、功利主義者は次のように論じる。我々が、より境遇の悪い人々に資源を移転する限り、我々はより大きな利益を生産するはずだし、それによって帰結をより善いものにするはずだ、と。

優先主義の目的論的バージョンでも、我々は類似の主張に訴える。我々は、境遇の良い人々に利益がもたらされると、これらの利益の重要性は少なくなる、と信じている。まさに、資源が、限界効用の逓減を起こすのと同様に、効用は、限界道徳的重要性の逓減をもつ。これら二つの主張の類似性を前提とすると、平等を擁護するための第二の類似の議論もある。今度は資源ではなくて福利である。この議論によれば、我々が境遇の悪い人に資源を移転する限り、その結果もたらされる利益は、単に、利益そのものとして大きくなりうるというだけではない。それはまた、道徳的な尺度上で、より重要なものにもなりうる。こうして、帰結がより善くなりうる二つの経路がある。

　資源の平等を支持する功利主義の議論は、ネーゲルが述べるように、「非平等主義的な道具的議論」である。それは平等をそれ自体としてではなく、それが結果としてもたらす利益の大きさを増大させるという理由だけから、善いものとして扱っている。同様の主張は、優先主義にも適用される。ここでもまた、平等が善いのは、それが、これらの利益の持つ道徳的価値を増大させるからだけである[*36]。

　しかし、ここには二つの相違点がある。第一に、限界効用の逓減は、普遍的法則ではない。ある場合には、仮に資源が境遇の良い人々に渡ったとしても、この資源が、これらの人々に甚大な利益を与えるかもしれない[*37]。

＊36　さらに掘り下げることもできるかもしれない。功利主義の議論でも、平等が本質的な因果的役割を果たしている議論がある。平等は実際には一つの手段である。というのも、平等は様々な良い結果をもつからである。だが、限界効用の逓減に訴える議論ではそうではないかもしれない。我々が功利主義者だとすれば、我々は利益の総計を増大させる限り資源を再分配しようとするとするだろう。我々は、この再分配プロセスを限界まで進めると、資源の平等が帰結するということに気付いてさえいないかもしれない。そして、仮に我々がそれに気付いたとしても、我々は平等を手段としてではなく、一つの副産物とみなすかもしれない。たとえ我々が平等を目指すことに決めるとしても、この場合、単に、我々の放つ矢が、軌道上ある特定のポイントを通ることを確実にするように的を狙うようなものだろう。

功利主義者はしたがって、我々は、こうした人々に資源を移転すべきだと考えるだろう。しかしそれは不平等を増大させるだろう。

それと対比すると、道徳的な善さの逓減の法則（the law of diminishing moral goodness）は非常に堅牢である。道徳的主張としてそれはつねに有効である。優先主義によれば、境遇の悪い人々への利益はつねにより重要である。したがってこの平等擁護論は、功利主義よりもしっかりした土台をもつ。しかしこのことは、この立場を本質的に〔功利主義とは〕異なるものにはしない。功利主義の議論と同様、この立場は依然として平等を単なる手段として扱っているからである。

第二の違いはさらに大きい。限界効用の逓減は経験的な一般化であるがゆえに、功利主義による平等擁護論は、ある意味で偶然的である。もし人々の境遇が良いなら、資源は小さな利益しか与えないというのは、単にたまたま真であるにすぎないのである。

他方、優先主義ではいかなる偶然性もない。人々の境遇が悪いなら、利益はより重要なものになるということは、たまたま偶然真なのではない。この見解によれば、これらの利益がより重要であるのは、これらの人々の境遇が悪いからである。これは、利益の大きさについての事実ではなく、その分配についての事実である。そして、そうした利益に優先性を与えるように命ずるとき、この見解は、ネーゲルが「織り込み済みの平等主義的偏向（built-in bias towards equality）」と呼ぶものをもつ。

議論の出発点となった定義に関して言えば、優先主義は平等主義ではない。この見解によれば、我々は境遇の悪い人々に優先性を与えるべきだが、それは、不平等を減らすべきだからではない。我々は、不平等はそれ自体としては悪いとも不正義であるとも信じていない。だが、この見解は平等に対する生来の偏向をもつため、副次的な、弱い意味では平等主義と呼ばれうる。もしこの見解を採用するならば、我々は非関係的な平等主義者である、と言えるかもしれない。

11

平等と優先は異なった考え方であるが、この区別はしばしば、残念な結果を伴いつつ看過されている。この区別が見逃されてきた理由を示すことには意義がある。第一に、とくに二十世紀初頭、平等主義はこうした区別が生じないような戦場で闘ってきた。平等主義は、法的平等や政治的平等を要求してきたし、恣意的な特権または地位の格差を攻撃してきた。これらは、我々の区別が適用されるような類の財ではない。そしてここでは、平等に対する要求は最も受け入れやすい。

第二に、平等主義者が別の種類の善を考慮に入れた場合でも、もし平等が達成されたならば、これらの善の総計も増大するか、または少なくとも、その総計を減らすことはないだろうと、往々にして想定

＊37　たとえば以下を参照。Amartya Sen, *On Economic Inequality* (Oxford: Oxford University Press, 1973) pp. 15-23.（杉山武彦訳『不平等の経済理論』日本経済新聞社、一九七七年）。センは、このことが不具者（crippeled）に当てはまるだろうと論じた。たとえそれが身体障害者にとってはほとんど当てはまらないとしても、それはある種の精神疾患の人々や精神障害をもつ人々には当てはまりうると思われる。仮にこの人々が資源一単位あたりから得る利益が少ないとすれば、功利主義者は、この人々が受け取る資源をより少なくすべきだと主張しなければならない。センが提唱する衡平性の弱公理（Weak Equity Axiom）からすれば、これらの人々は他の人々より多くの資源、または少なくとも同等の資源を得られるべきである。

してきたからである。もし平等主義者が功利主義的な意味で利益について考えていたとして、その場合、平等主義者は、資源の再分配が、その結果としてもたらされる利益を増大させるはずだと想定しただろう。もし利益ではなく資源だけを考慮していたとしても、平等主義者は、資源を、再分配によって変化しないような定額としてみなしただろう。いずれの場合でも、平等と優先は対立を起こしえない。

第三に、平等な状態への移行が利益の総計を減らすときでさえも、平等主義者は、この移行が少なくとも境遇の悪い人々には何らかの利益を与えるはずだと想定してきた。このようなケースでは、平等と優先との間に深刻な対立は起こらない。平等主義者が見過ごしてきたのは、平等が水準低下によってしか達成されえないようなケースである。

いまから、ここ最近になされた平等主義的見解の説明に言及したい。そのうちいくつかは、平等についての見解として提示されているのだが、それは実は表面的である。それらの見解は優先主義として言い換えることができるだろうし、その方がよりもっともらしくなるだろう。だが、本質的に平等について述べていて、優先主義として言い換えることができない見解もある。

我々はまず、ネーゲルが抱いているような見解を検討することから議論を始めることができる。ネーゲルは、ノージックの本の書評のなかで、平等と優先性を合成しているように見える。彼は次のように書いた。

平等を一つの善そのものとして擁護するためには、福利の尺度上、低位にある多くの人々の状態の改善が、高い水準にある人々のより大きな改善よりも優先されるということを擁護するべきだろう。*38

ネーゲルは論文「平等」でも次のように論じている。より境遇の悪い子供に利益を与えることの方が切迫性が高いと論じた後に、彼は次のように書く。

この切迫性は必ずしも決定的なものではない。それは、他の考慮によって凌駕されるかもしれない。というのも平等は唯一の価値ではないからだ。[*39]

これが示しているのは、「この子に利益を与えることが、なぜより切迫性が高いのか」という問いに対して、ネーゲルは次のように答えるだろうということである。「なぜなら、その方が二人の子供の間の不平等を減らすはずだからだ」と。だが、私はこれが本当にネーゲルの見解かどうかを疑っている。もしこの障害を負った子に、それよりも境遇の良いきょうだいが誰もいなかったとして、それでもその子に利益を与えることは、同じく切迫性があると言えるだろうか。私は、ネーゲルの立場からそう言えるのではないかと思う。ネーゲルは、実際には優先主義に訴えているときに、平等という言葉をしばしば用いる著者の一人である。[*40]

次に、ドウォーキン（Dworkin, R.）の見解を検討しよう。

＊38 *Reading Nozick*, edited by Jeffrey Paul（Blackwell, 1981）, p. 203.
＊39 *Mortal Questions*, op. cit., p. 124.

おそらく、資源の純粋に不平等な分配の最終的な悪は、人生を価値あるものにするために他の人々がもっていた機会を騙し取られてしまった人々が、その事実そのものを理由として落胆することにこそある。[*41]

なぜドウォーキンは「他の人々がもっていた機会」と書くのだろうか。これが示唆しているのは、誰もこうした機会をもっている人がいなかったならば、そこに悪はないということである。だが、それは間違っていると思われる。実際の悪は、当人たちがもつことができたはずの機会を騙し取られることだと思われる。平等な分配を擁護する議論は、人々にその人生を価値あるものにするような機会を等しく与えることではない。それは、水準低下によっても達成されうるからである。平等の擁護論はむしろ、不平等な分配が特定の人々だけに良い機会を与えているとして、その同じ資源がもし共有されたならば、それは万人に良い機会を与えるだろう、というものである。[*42]

ここで、我々はニードに従った分配という考え方に立ち戻ることができる。我々がこの考え方に突き動かされるとき、我々は平等を達成することを目指しているのだ、と言う論者もいる。ラファエル(Raphael, D.)は次のように書いている。

もしより大きなニーズをもっている人が、少ないニーズしかもたない人よりも多くを与えられるとして、そこで意図されている結果は、それぞれの人が同じ満足度を得る(または少なくともそれに近づける)べきだということである。[*43]

別の論者も同じような主張をしている。病気または障害をもつ人のニーズを満たす追加資源を与えることについて論じる際に、ノーマン（Norman, R.）は次のように書く。「この根底にある考え方は、平等の一種である。誰もが可能な限り等しく価値ある人生を送るべきだ、ということがその目標である」[*44]。先に見たように、もしこれが目標だとすると、それは水準低下によっても達成されうる。しかし、それはノーマンが言いたいことではありえない。彼はこの含意を、「平等」という言葉を削ることで回避できるかもしれない。彼は次のように述べることができる。「目標は、万人が可能な限り価値ある人生を送るべきだということである」と。この改訂によって、ノーマンは平等が根底にある考え方だともはや主張できないだろう。しかし私が考えるに、この改訂は彼の議論の説得力を強めるだろう。ニードに基づ

＊40　同様の指摘は、私の *Reasons and Persons*（Oxford: Oxford University Press, 1984）（森村進訳『理由と人格――非人格性の倫理へ』勁草書房、一九九八年）の第117節にも当てはまる。ネーゲルはこれらの見解の間の選択問題について後の著書で再論している。*Equality and Partiality*, op cit., chs. 7 and 8.

＊41　"What is Equality? Part 1: Equality of Welfare", *Philosophy & Public Affairs*, vol. 10, no. 3, Summer 1981, p. 219.（小林公・大江洋・高橋秀治・高橋文彦訳『平等とは何か』木鐸社、二〇〇二年、六〇頁）

＊42　次を参照。Frankfurt, op. cit., pp. 147-8. もちろん、これらの人々が、他の人々には与えられているような機会を騙し取られてしまったとすれば不公正だろう。私はここで、ドウォーキンの主張を、優先という言葉によって完全に言い換えることができると言いたいわけではない。しかし、この議論において、平等は唯一の問題ではないし、さらには最も重要な問題でもないように思われる。

＊43　D. D. Raphael, *Justice and Liberty*（London: Athlone Press, 1980）, p. 10. Cf. p. 49.

＊44　Richard Norman, *Free and Equal*（Oxford: Oxford University Press）, p. 80.

く分配は、優先主義の一形態として、より自然に解釈される。[*45]

しかし他の考え方は、このように再解釈することはできない。たとえば、コーエン（Cohen, G.）は「平等主義の正しい読み方」は、「その目的が非自発的な不利益を除去することにある」ということを示唆している。[*46] 彼はこう述べることで比較的不利益、つまり他者よりも境遇が悪いことを意味している。これは本質的に関係的な発想である。平等だけがこうした不利益を除去することができるだろう。コーエンの見解は、優先性という言葉で表現し直すことはできないだろう。次に、ある人々が他者よりも有能にまたは健康に生まれることや、資源の自然の分配における違いであっても、ある人々が他の人々よりも境遇が悪いことが、それ自体として悪い、または不公正であるという見解を思い出そう。この見解は、本質的に不平等に関する見解である。他にも多くの例が存在する。たとえば、エイク（Ake, C.）は次のように書いている。

全体としての社会の正義は、当該社会の個々の成員の利益と負担の全体的な水準の完全な平等として理解されるべきである。

エイクが主張するには、分配的正義の様々な公理は、すべて「最大限可能な程度まで、完全な平等を取り戻す」という目標をもっているものとして解釈できる。[*47]

平等主義者は平等の固有の価値にコミットしているように見えるかもしれないが、実際にはそうではなく、また水準低下を擁護する論拠が存在すると信じている平等主義者はいない、と主張されることがある。[*48] だが、一部の平等主義者にとってこのことは正しいかもしれないが、すべての平等主義者には当てはまらない。たとえばエイクは次のように書いている。

誰かが、おそらくは完全にその人自身の努力によって、突然幸運を享受するような場合についてはどうだろうか。平等を取り戻すために、そして正義を守るために、この人に追加的な負担を課すべきだろうか……平等を取り戻すために、この人に対してどんなものであれ追加的負担を課すことが正義にはならないのはなぜか。その答えは、厳密に言えば次のようなものになるだろう……[*49]

エイクは彼の見解によれば、まさにこれは、この人に負担を強いることによる水準低下であるということを認めている。彼は、効率性や幸福の要求が覆されるのとまさに同じように、ここでは正義の要求が覆されると考えている。水準低下はある側面では善であるだろうし、我々がそれを引き起こす道徳的理

＊45　とはいえ、この点に関する優れた議論として以下を参照。David Miller, "Social Justice and the Principle of Need", in *The Frontiers of Political Theory*, ed. Michael Freeman and David Robertson（Brington: Harvester Press, 1980）

＊46　Cohen, "On the Currency of Egalitarian Justice", op. cit., p. 916.

＊47　Christopher Ake, "Justice as Equality", *Philosophy & Public Affairs*, Fall 1975, pp. 71 and 77.

＊48　たとえば以下を参照。Robert Young, "Envy and Inequality", *Journal of Philosophy*, Novenber 1992.（とはいえ、ヤングが主張しているのは、以下で私が導入する用語を用いるなら、強い平等主義者は存在しない、ということだけだと思われる）

＊49　Ake, 'Justice as Equality', op. cit., p. 73.

由をもつような何かでありうる。同様に、テムキン（Temkin, L.）は次のように述べる。

> 私は個人としては、不平等は悪いと考えている。だが、私は、一部の人しか盲目ではないような世界には、全員が盲目の世界よりも、何らかの点でより悪いところがある、と実際に考えているのだろうか。イエスである。このことは、私が全員を盲目にするほうがより善いと考えているということを意味するのだろうか。ノーである。平等だけが重要な問題ではない。[*50]

他にもこのように主張する論者はいる。[*51]

12

水準低下批判によって動じない論者もいるので、我々はこの批判が主張する内容をあらためて考えよう。この批判は、仮に、ある不平等がなくなったとしても、ある人々にとってその方がより悪く、誰にとっても良くはないようなケースに訴える。すでに述べてきたように、我々がもっている二つの種類の見解の間に、深刻な不一致を生じさせるケースが存在する。

優先主義では、我々は、不平等が人々にとって悪い場合以外、それには反対しない。不平等の除去が誰にも利益にならないような場合、我々はそこには何も善いところはないと考えるべきである。目的論的平等主義者はこれには同意しない。この見解によれば、不平等はそれ自体として悪い。これが含意するのは、不平等はそれが人々にとって悪いかどうかにかかわらず悪いということである。
私の最後の主張は、不平等がそれ自体としては人々にとって悪くはない、ということを想定している。この想定は正当化されるだろうか。もし我々が他者よりも境遇が悪いならば、それはそれ自体として我々にとって悪いのではないか。

もちろん、不平等は悪い影響をもつ。たとえば、もし私の境遇が他の人々よりも悪いとすると、このことは、私を他の人々の権力の下に置くだろうし、また私を嫉妬させ、あるいは私の自尊心を失わせるかもしれない。だがこうした影響はここでは重要ではない。我々は、私が他者よりも境遇が悪いという事実そのものに関心をもっているからである。この事実を独立して考えるために、我々は、私がこれらの他者たちに気付いていないと想定できるし、この人々の存在が私に何の影響も与えないと想定することもできる。こうした場合には、不平等は何の影響ももたないが、私が他の人々よりも境遇が悪いということは真であり続ける。それは私にとって悪いのだろうか。

この問いは誤解されやすい。もちろん、私の境遇が他の人々よりも悪いことは、私にとってある一つの意味で悪い。もし私が他者よりも境遇が悪くなかったならば、私の生活水準は他者が実際に享受している水準と同じになるがゆえに、その方が私にとって良いだろう。これが真であるとすれば、私はより境遇が良いだろう。だが、これは重要な比較ではない。明らかに、境遇が良いのが私ではないというこ

＊50 *Inequality*, p. 282.
＊51 たとえば以下を参照。Amartya Sen, *Inequality Reexamined*, op. cit., pp. 92-3.

とは私にとって悪い。だが、境遇が良いのが他者であるということは私にとって悪いのだろうか。

我々の問いを言い換えることが理解の助けになるかもしれない。我々は「私が他の人々よりも境遇が悪いのは、私にとって悪いのだろうか」とは問うべきではない。この問いが示唆しているのは、重要な代替方策は、私の境遇が良くなることだということである。むしろ我々が問うべきは次の問いである。「私よりも境遇が良い人々が他に存在することは、仮に私がそれを知らないとしても、私にとって悪いことなのだろうか。そういう人々が存在しないとすれば、その方が私にとって良いのだろうか。こうした人々が決して存在しなかったとして、あるいは私よりも悪い状態にあるとして、その方が私にとって良いことなのだろうか。」

その答えは、人々の利害関心の所在についての我々の見解に依存しており、それに応じていくつかの理論が存在する。だが私は、これらの理論の説得力のあるものはすべて、これに「ノー」と答えると端的に主張したい。不平等という事実だけが、それ自体として、境遇の悪い人々にとって悪いわけではない。こうした不平等は、もちろん不公正かもしれない。また、当然ながら、この人々がもし境遇が良かったとして、それはその人々にとって良いことではあるだろう。だが、もし別の人々の境遇が同じく悪かったとして、それがその人々に何の影響も与えないならば、それは当人たちにとって良いことにはならないだろう[*52]。

我々は、ここで私の以前の主張に立ち戻ることができる。目的論的平等主義者にとって、不平等はそれ自体として悪い。もしそうだとすると、不平等は人々にとって悪くない場合でさえも、悪いのでなければならない。この平等主義者にとって、不平等はたとえそれが誰にとっても悪くないとしても悪いのである。

このことは、目的論的平等主義を斥けるに十分な理由に思えるかもしれない。我々は、誰にとっても悪いところがないならば、何事も悪いことではありえないと考えているかもしれない。だが、すでにこの反論を検証したように、我々はこの見解の二つのバージョンを区別しなければならない。次の二つの可能性を考えよう。

(1)　全員がある水準にある

(2)　一部は(1)と同じ水準である　他の人々はそれよりも良い

帰結(1)では、全員の境遇は等しい。(2)では、ある人々の境遇がより良い。(2)には不平等が存在するが、この帰結は誰にとってもより悪いものではない。目的論的平等主義者にとっては、(2)における不平等は悪い。では、このことは、他のすべてを考慮に入れて、(2)を(1)よりも悪い帰結にするのだろうか。「イエス」と答える平等主義者もいる。この人々は、他のすべてを考慮に入れた上で、不平等はつねに帰結をより悪いものにするとは考えていない。この見解では、平等が失われることは、利益の総計が十分に増大することによって、道徳的に凌駕されうる。だが、不平等は、一つの大きな悪である。もし

＊52　これに反対する見解についてはさらに議論が必要だと思われる。以下を参照。John Broome, *Weighing Goods* (Oxford: Blackwell, 1991), ch. 9.

不平等が全員にとってより良いとしても、不平等は帰結をより悪いものにしうるのである。この見解をもつ人々を、私は強い平等主義者と呼びたい。

別の論者は異なる見解をもっている。この人々も不平等は悪いと考えているので、帰結(2)がある点ではより悪いということには同意する。だが、(2)が、結局のところまたは他のすべてを考慮してより悪いとは考えない。(1)から(2)に移行するなかで、ある人々は境遇が良くなるだろう。ここで考察している平等主義者にとって、平等が失われることは、これらの人々に対する利益によって道徳的に凌駕されるだろう。この見解によれば、(2)は結局のところ(1)よりもより善いということになるだろう。このような見解をもつ論者を、私は穏健派（Moderates）と呼びたい。

平等主義の穏健派バージョンはしばしば見過ごされているか退けられている。人々は概して、強い平等主義に対して、誰にとっても悪くはないような不平等への移行のケースに訴える、標準的な反論を作り出す。そして、穏健派の見解を無視するか、または考慮する価値のない立場とみなす。そうした人々は、次のように想定している。もし我々が、追加的な利益はつねに不平等の悪さを上回るだろうと主張するとすれば、穏健派の見解は取り上げるに足らない瑣末なものであるはずだ、と。[*53]

私が考えるに、このような考えは間違いである。もし我々が、平等の喪失がどれほど大きかったとしても、ごくわずかな効用の獲得によってその悪は凌駕されうると考えているとすれば、穏健派の見解はたしかに瑣末なものだろう。だが、穏健派が主張しているのはこのようなことではない。穏健派が主張しているのは、この種のケース、つまりより大きな不平等が誰の状態も悪くしない場合には、追加的利益は不平等の悪さを実際に上回るだろう、ということだけである。この主張は、二つの主張にさらに分けることができる。一方は、平等と効用の二つが相対的な重要性をもつという見解である。他方は、見逃されてきた主張だが、これらのケースの構造に関わる主張である。つまり、もしより大きな不平等があるとして、それが誰の状態も悪化させていないような不平等だとすれば、それは、ある人々に対する利益から生じているに違いない。そして、そこには、平等のより大きな喪失は、この利益が大きなものでない限りありえない。この利得と喪失は、大まかに言って歩調を揃えている。

もっとも単純化したケースでは、このことは明らかである。次のような可能性を考えよう。

(1)　全員が１００
(2)　半分が１００　半分が１０１
(3)　半分が１００　半分が１１０
(4)　半分が１００　半分が２００

(1)から(2)への移行において、効用のわずかな利得はあるが、平等はわずかに失われているだけである。(1)から(3)への移行では、平等の喪失はより大きいが、効用の利得も大きいだろう。このリストを下降していくにつれて、効用の利得分と平等の喪失は増加の一途をたどっている。より複雑なケースでも、論

＊53　たとえば次の文献を参照。Antony Flew, *The Politics of Procrustes* (Buffalo, NY: Prometheus, 1981), p. 26; McKerlie, "Egalitarianism", op. cit., p. 232, さらに次も参照せよ。Nozick, op. cit., p. 211.

点は保持されている。二つの帰結のうちの一つがより大きな不平等を含んでいるが、誰にとってもより悪くないとすれば、境遇の良い人は利益を得るはずである。境遇の良い人の得る利得が甚大なものになる時にのみ、不平等がより大きくなりうる。だが、そこでは効用もまたより大きくなるだろう。*54

　これらの利得と喪失は大まかに歩調を揃えているので、穏健派が重要な位置を占める余地が生じる。穏健派は、こうしたケースすべてにおいて、効用の利得が平等の喪失を凌駕するだろうと主張する。これは、別の種類のケースにおいては、そうならないだろうという主張と整合している。穏健派は、効用におけるある程度の利得は、たとえそれが甚大なものだとしても、平等の喪失よりも重要ではないだろうと主張できる。たとえば、次の可能性を考えてみよう。

(1)　全員が１００
(4)　半分が１００　半分が２００
(5)　半分が70　半分が２００

穏健派は、(1)と比較して(4)の方がより良いと考える。だが、(5)はより悪いと主張するだろう。これは瑣末な主張ではないだろう。(1)から(5)への移行において、境遇の悪い人は効用を喪失しているが、境遇の良い人は三倍近くの利得を得ている。(1)と比較して、(5)は効用という点では大きな利得を含んでいるだろう。だが、穏健派にとって、この利得は、平等の喪失を上回るにはあまりにも少ないだろう。ここでは穏健派は、より平等な分配のために、利益の総計がより少ない状態を選択するだろう。このことこそが、穏健派であるとはいえ、それが真の平等主義者であるということの理由である。

さて、水準低下批判に戻ろう。強い平等主義者は、あるケースでは、不平等に移行すると、たとえ誰にとってもその方が悪いものでなくても、その帰結はより悪くなるだろうと考えている。これは、俄かには信じがたいと思われる。我々は、二つのうちどちらかの帰結について、もしそれが誰にとってもより悪いものでないならば、悪いものではありえないと主張するだろう。強い平等主義者に反論するためには、この主張を擁護することで十分だろう。

他方、穏健派に反論するためには、この主張では不十分である。穏健派は、大きな不平等を伴う帰結が、誰にとっても悪いものでないとすれば、それは、悪い帰結ではないだろうと考える。だが、この穏健派の主張は単に、それは、結局のところまたは他のすべてを考慮してより悪いわけではないだろう、と言っているにすぎない。穏健派が同意しなければならないのは、この帰結はある一つの点でより悪いだろう、ということである。穏健派によれば、不平等は、たとえそれが誰にとっても悪いものでなくても、悪い。この見解を斥けるためには、我々は、このことでさえも真ではあり得ないと主張しなければ

＊54　シェリー・ケーガンは、ありうべき反例を示した。ごく少数の人々が、他のすべての人々よりも境遇が良くなった、という場合である。そこでは効用の増分はきわめて少ないし、ある観点からすれば、平等の喪失は莫大なものになるだろう。テムキンの説明では、このことは、境遇が最も良い人々に比べて境遇の悪い人々がどれくらい多いか、によって不平等の悪を解釈するような見解に当てはまるだろう。しかし、別の見解——その方がもっともらしいと私は考えるのだが——によれば、平等の喪失は莫大なものではないと言える。このことは、平均的な人々、または境遇が比較的良い人々全員と比べて境遇の悪い人々がどれくらい多いか、に訴える見解に当てはまるだろう。

ならない。

残りの紙幅を使って私ができるのは、この見解の相違について手短に所見を述べておくことくらいである。もし、ある帰結が誰にとっても悪くはないならば、それはどのような点でも悪くはないということは、広く信じられている。このような見解を我々は人格影響説（Person-affecting Claim）と呼ぶことができる。

この説は、道徳性または道徳的推論の本質に関する、ある見解に訴えることによって擁護されるかもしれない。たとえば、次のように論ずる論者もいる。ある帰結が特定の人々にとってどれほど悪いものかを見ることは難しくはない。だが、ある帰結が端的にどれほどより悪い――より悪い、ということだけの意味で――ものでありうるか、という問いは不可解だと思われる。こうした「より悪い」という語を非人格的に使用することで、何が意味されているのか、と。「より悪い」という語のこうした使用を、「にとって悪い」という概念を離れて説明または構成することができると示唆する人々もいる。道徳的推論に関する契約論的な見解のように、人格影響説に導かれるような志向をもつ別の方向性もある。[*55]

平等主義者は、また別のメタ倫理学的見解を擁護することによって応答するかもしれない。または、この主張が受け入れ難い含意をもつのは、それが、我々の信念のいくつかとあまりに鋭く対立するからだと論じるかもしれない。

テムキンはこの第二の方法で応答している。彼が論じるには、人格影響説は、我々がもつ理念の多くと両立不可能である。[*56]

私が思うに、テムキンの最良の例は、彼が「比率的正義」と呼ぶものに訴える例である。彼は、もし

「最も邪悪な大量殺人犯が、最も優しい聖人よりも境遇が良い」としたら、それは悪いことにならないのだろうか、と問う。だが、これはこの双方にとって悪いものではないだろう。

殺人犯よりも聖人の境遇の方が悪いということは、悪いことなのかもしれない。だが、この比較に基づく要素は問題になっている問い、つまり不平等は悪いのかどうかという問いに、あまりに引きずられすぎている。したがって我々は聖人のことは忘れるべきである。殺人犯が、その行いに見合わず良い暮らしをするのは悪いことなのだろうか。殺人犯の境遇がもし悪いとして、その方が善いのだろうか。

我々は、その罪に相当する処罰が殺人犯に与えられるとすれば、それは善いことだと考えるかもしれない。注意すべき点は、このように考えることで、我々は単に殺人犯は処罰されるべきだと主張しているのではない、という点である。我々は、もし殺人犯がたとえば逮捕できなかったなどの理由で処罰されないならば、それは悪いことだと考えるかもしれない。ここでの悪さは、更なる不正な行いを含んでいないかもしれない。そして我々は、もし処罰が誰にとってもいかなる善さもないとしても、処罰されないことは悪いと考えるかもしれない——たとえば、カントの例にあるように我々の共同体が崩壊してしまうという理由で。

もし我々がこうした応報的見解を受け入れるとすれば、人格影響説は却下せざるをえない。我々は、

＊55　こうした見解はトマス・スキャンロンによって展開されている。Thomas Scanlon, "Contractualism and Utilitarianism", in ed. Amartya Sen and Bernard Williams, *Utilitarianism and Beyond* (Cambridge: Cambridge University Press, 1982).

＊56　Temkin, *Inequality*, op. cit., ch. 9.

処罰に値する人々が処罰されないことは、たとえそれが誰にとっても悪くはないとしても、それ自体悪いということを信じていることになるからである。そしてもしこれが真であるとすれば、同じことが不平等の悪さについても当てはまりうる。

たとえ我々が——私がそうであるように——この応報的見解を斥けるとしても、このアナロジーは依然として有用かもしれない。ヒトラーが、誰も知らないところで、自分が行ったことによって苛まれていたとして、それはより善いことだっただろう、という主張を考えてみよう。我々がこの主張を斥けるとして、その理由はどのようなものでありうるだろうか。「それがどうして善いことでありうるのか。彼にとって良いことではなかったのに」と言うだけで十分だろうか。これでは不十分であると思われる。我々は応報を斥けるかもしれないが、それは、応報が誰にとっても良いものではないからではなく、応報が要請すると思われる類の自由意思を我々が信じていないからかもしれない。もしかすると我々は次のように信じているのかもしれない。自らが行ったことを苦悩して当然だとするためには、我々は、自分自身の性格に対して責任をもつべきだろう、と。だがこれは理に適っていないように思われる。

もしこれが、我々が応報を斥ける理由だとしても、このアナロジーは少々奇妙な仕方ではあるが、人格影響説にとって不利であり続けるかもしれない。我々は、ある意味では、応報は、たとえそれが誰にとっても良くはなくても、善いものでありうると信じている。あるいはむしろ、応報を不可能にするのは人格影響説が真だからではなくて、応報が要請するような類の自由意思の一貫性のなさである、と。我々は、その種の自由に一貫性がないわけではない、と信じるようになることを想像するかもしれない。そうだとすれば、我々は、単に誰にとっても良いものでないと主張するだけでは、応報を斥けることはできないということに同意するかもしれない。もし〔応報に対する〕この反論が不十分であるとすれば、平等主義者への反論としてなぜそれが十分であると言えるのだろうか。

人格影響説を完全に評価するためには、我々はメタ倫理または道徳性の本性や道徳的推論について論じる必要があるだろう。ここでそれを行うことはできないので、私は一つの意見を述べるにとどめたい。[*57] つまり、人格影響説は、水準低下批判よりも強力ではないし、またそれを強化するために用いることはできないと私は考える。

13

これまでの主張を要約したい。

私は、もしある人々が当人の過失や選択ではないのに、他の人々よりも境遇が悪いとすれば、それはそれ自体として悪いまたは不公正だという見解を検討することから始めた。この目的論的平等主義の見解は、きわめてもっともらしいように思われる。だが、それは水準低下批判に直面する。この批判は非常に強力であると私には思われるが、しかし決定的なものではないとも考えている。

我々は目的論的平等主義の立場から出発したが、この批判に納得させられているとしよう。我々は、

＊57　人格影響説に対するもう一つの反論として、かつて私が『理由と人格』（*Reasons and Persons*, op. cit.）の第16章で非同一性問題（non-identity problem）と呼んだものからの反論がある。

不平等が、ある人々にとって悪く、また誰にも良さをもたらさないような仕方で除去されたとしても、不平等の除去はとにかく善いはずであるということを信じられないとする。ここで、平等主義という見解から我々が何かを救い出そうとするとして、二つの代替案がある。

我々は、義務論的平等主義者になるかもしれない。つまり我々は、ときに平等を目標にすべきだが、それは帰結をより善くするからではない、と考えることができるかもしれない。とすると、我々は自らの見解を別の仕方で説明しなければならない。そして、その結果として得られる見解は、狭い射程しかもたないかもしれない。たとえば、この見解は、協働で生産された財などの特定の種類の財にしか当てはまらないかもしれないし、同じ共同体のメンバーのような特定の人々の間の不平等にしか当てはまらないかもしれない。

とすると、我々は、我々の信念のうちのいくつかを捨てなければならないはずである。再度、二分割された世界を考えよう。

(1) 半分が100　半分が200
(2) 全員が145

義務論的見解では、我々は、状況が(1)から(2)に変化するとして、それはより善いはずだ、と主張することはできない。我々の見解は、人々がなすべき事柄だけに関わっており、二つの事態の間で比較することはしないからである。

それに代わる代替案は、優先主義に立場を変えることである。とすると、我々は分割された世界についての我々の見解を維持できるかもしれない。(1)から(2)への変化で、境遇の良い人々は境遇の悪い人々が得るよりも多くを失うということはたしかである。それゆえ、功利主義的な意味では、(2)は(1)よりもより悪いということになる。だが、優先主義によれば、境遇が良い人がより多くを失うとしても、境遇が悪い人が得る利得の方が、より大きな価値がある。境遇の悪い人への利益の方が、帰結を善くする働きがより大きい。我々は、(1)が(2)よりも悪いという理由を、このように主張することができるかもしれない。

優先主義は往々にして、平等に対する信念と一致する。だが、すでに示唆してきたように、両者は大きく異なる類の見解である。両者は異なった仕方で攻撃されうるし、また擁護されうる。同じことが平等主義の目的論的見解と義務論的見解についても言える。だから、我々が何を信じているのかを決定しようとする際に、まず最初に行うべきことはこうした区別である。分類学は刺激的ではないかもしれないが、なされるべき必要がある。これらの代替案についてはっきりした見解をもつまでは、我々は、どの見解が真であり、最善の見解であるのかを決めることは望めない。

第5章　平等・優先性・同情*

ロジャー・クリスプ
保田幸子訳

近年、最も善い分配や分配的正義論において、平等の地位に関して多くの議論がなされている。（なかでも、）平等主義はより境遇の悪い人を優先するよう求める原理に取って代わられるのかというのが主要な論点の一つである。*1 この論文では、平等の立場は確かに不安定であり、優先性原理は平等主義よりいくらかは優位であるように思われると論じるところから始めるつもりである。しかし、優先性原理それ自体は根拠がなく、十分性原理に取って代わられるべきであると私は主張するつもりである。十分性原理とは、間接的に不偏的観察者の考えを通じた境遇の悪い者への同情に基づくものである。

1　平等

次のような平等と不平等と呼ばれる二つの分配について考えてみよう。それぞれのグループは同人数（たとえば千人）で、真価は問題ないと仮定しよう。数字はそれぞれの

	グループ１	グループ２
平等	50	50
不平等	10	90

グループにおける個人の福利を表している。**平等**における各人は、平等に良い生活を送っているのに対して、**不平等**では、**平等**における人々より非常に良い生活を送るか非常に悪い生活を送るかのどちらかである。[*2]

伝統的な功利主義によれば、どちらの帰結ももたらす機会があると仮定すると、一方より他方を選ぶ理由はない。しかし、多くの人々は、**不平等**より**平等**を選ぶ確固たる根拠があると考える。なぜだろうか。一つの明白な答えとして、平等はそれ自体で望ましい、ことによると、むしろ不平等はそれ自体避けるべきということだ。この立場は（次のように）記述することができる。

平等主義（Egalitarianism）：ある帰結は（不当な）不平等を最小化する限りにおいて、他の帰結より望ましい。[*3]

平等主義は、近年、デレク・パーフィット（Derek Parfit）が水準低下批判（the Levelling Down Objection）と呼ぶ問題に長らく直面してきた。[*4] 次のような帰結を考えてみよう。

平等主義によれば、**ＬＤ平等**は完全に平等である限りにおいて、**不平等２**の状態よりも望ましい。これは、非常に直観に反しているように思える。平等主義は他の原理と組み合わせられることによって、おそらく福利水準がより高いという理由で、全体的に言ってもしくはすべてを勘案した結果、**不平等２**の方が良いと言えるのも事実である。しかし、平

＊　次の人々からの初期の草案に対するコメントや議論に大変感謝している。ウィフレッド・ベッカーマン（Wilfred Beckerman,）、パウラ・カサル（Paula Casal）、ジェラルド・コーエン（Jerry Cohen,）、カイ・ドライパー（Kai Draper）、フランシス・ダンロップ（Francis Dunlop）、ジェームス・グリフィン（James Griffin）、ニール・ホルトゥ（Nils Holtug）、ブラッド・フッカー（Brad Hooker）、クレメンス・カッペル（Klemens Kappel）、デニス・マッカーリー（Dennis McKerlie）、ジェフ・マクマハン（Jeff McMahan）、ナイル・マクリーン（Niall Maclean）、マーク・T・ネルソン（Mark T. Nelson）、デレク・パーフィット（Derek Parfit）、イングマール・パーソン（Ingmar Persson）、ヴウォデク・ラビノヴィッチ（Wlodek Rabinowicz,）、ジョン・タシウラス（John Tasioulas）、ラリー・テムキン（Larry Temkin）、ベルティル・タンゴッデン（Bertil Tungodden,）、ピーター・ヴァレンタイン（Peter Vallentyne）、アルバート・ウェル（Albert Weale）、Ethics 誌の編集委員、ブライトン大学、ブリストル大学、ダラム大学、イースト・アングリア大学、京都大学、リバプール大学、マンチェスター大学、ミドルセックス大学、ノッティンガム大学、オックスフォード大学、セント・アンドルーズ大学、ウェールズ大学、ランピター大学、ニューヨーク大学、イートン校、ロンドン・スクール・オブ・エコノミクス、マウントサイナイ・メディカル・センターにおける参加者。

＊1　Thomas Nagel, "Equality," in his *Mortal Questions*（Cambridge: Cambridge University Press, 1979）, pp. 10-27（永井均訳『コウモリであるとはどのようなことか』勁草書房、一九八九年）; Dennis McKerlie, "Egalitarianism," *Dialogue* 23（1984）: 223-37; Joseph Raz, *The Morality of Freedom*（Oxford: Clarendon, 1986）; John Broome, *Weighing Goods*（Oxford: Blackwell, 1991）; Larry Temkin, *Inequality*（New York: Oxford University Press, 1993）; Derek Parfit, "Equality and Priority," in *Ideals of Equality*, ed. Andrew Mason（Oxford: Blackwell, 1998）, pp. 1-20 を参照。

＊2　数字を用いることで、正確な測定や特定の福利の見解へのコミットするつもりはない。この論文全体を通じて、数字は、この文章に添付されている注釈と同様に理解されるだろう。

＊3　Temkin, p. 7 と比較。私はここで真価という論点については避けたいので、真価への言及は余談的である。平等主義者は、真価の概念を受け入れても受け入れなくてもいい。Temkin, p. 12 を見よ。

	グループ1	グループ2
LD平等	9	9
不平等2	99	100

等主義にとって問題となるのは、**LD平等**を望ましいとするいかなる理由の主張も平等主義に対して非常に不利になるということだ。

しかし、平等主義を却下する前に水準低下批判の背景に何があるのかを理解しようとすべきである。ラリー・テムキン（Larry Temkin）は水準低下批判の効力は次のスローガンに基づくと示している。

スローガン（The Slogan）：ある状況において、何らかの点でより悪い（または良い）境遇の人が誰もいないのであれば、その状況はいかなる点においてもその他の状況よりより悪く（またはよく）ありえない。[5]

テムキンがスローガンを説明するように、「もし誰もいないならば」は「もし今もしくは今後いないならば」に、「より悪く」は「今もしくは今後より悪く」に相当すると解釈することができる。こうした見解に伴う深刻な問題は、デレク・パーフィットの非同一性問題（Non-Identity Problem）を解決できないということだ。[6] 私たちの多くの行動は、未来に誕生する人々のアイデンティティに影響を与える。なぜなら、それらの行動はどの精子がどの卵子を受精させるかは影響するからだ。たとえば、資源保護について考えてみよう。もし私たちが資源保護しないという選択をするならば、私たちの生活に非常に影響を与えて、その結果、私たちの子供たちのアイデンティティやその子供たちの子供らのアイデンティティにも影響を与えるだろう。したがって、損害を与えられたと考えられる特定の人は分からないので、たとえ私たちより未来の人々の生活の質がそうであったかもしれない（水準）よりずっと低くかったとしても、未来世代は反対することができないのである。

なぜ資源を有効利用しないことが悪いのかを説明できないので、スローガンは退けられるべきである。[*7] しかし、水準低下批判における平等主義の含意に対して多くの人々が不満を抱くのは、スローガンによるものではないと私自身は考えている。スローガンは人格影響（person-affectingness）を含んでいる。人格影響の考え方によれば、道徳的に重要なのは、存在する人に影響を与えることだけである。しかし、平等主義についての問題は、この意味では人格影響とは無関係である。むしろ、道徳的に重要なことが個人の厚生と無関係であることから、平等主義への懸念は生じている。この考えは次のようにとらえら

＊4　Parfit, "Equality and Priority," p. 10. また e.g., Robert Nozick, *Anarchy, State, and Utopia*（Oxford: Blackwell, 1974）, p. 229（嶋津格訳『アナーキー・国家・ユートピア——国家の正当性とその限界』木鐸社、一九九五年）; Anthony Flew, *The Politics of Procrustes*（London: Temple Smith, 1981）, pp. 25–26; McKerlie, "Egalitarianism," pp. 230–37; Raz, p. 235; Temkin, pp. 247–48.

＊5　Temkin, p. 256. スローガンは本質的に人格影響説（person-affecting claim）である。Parfit, "Equality and Priority," p. 18 を見よ。

＊6　Temkin, pp. 255–56. See Parfit, *Reasons and Persons*（Oxford: Clarendon, 1984）, pp. 357–59.

＊7　私の提案の意図と同じようなスローガンの根本的な改定としては、Nils Holtug, "In Defence of the Slogan," in Preference and Value: Preferentialism in Ethics, ed. W. Rabinowicz（Lund: Lund University, Department of Philosophy, 1996）, pp. 64–89, pp. 73–75 を見よ。

れるだろう。

厚生主義的制約（The Welfarist Restriction）：将来世代のアイデンティティにも人数にも影響を与えない選択において、帰結Oにおけるいかなる個人にも、他の帰結Pにおいてより（不当に）より悪くするような帰結Oのいかなる特徴もOに有利に働かない。また、Oにおける別の人が（不当でなく）よりよくなることを求める。[*8]

厚生主義的制約は、人格影響を伴わないという点でスローガンと異なっており、厚生主義的制約によれば、真価は別として、ある帰結を好ましく思えるには、たとえ間接的な方法であっても個人に対して便益があるということに基づいていなければならない。**LD平等と不平等2**を（比較した場合）、重要な点は、**LD平等**は誰にも便益をもたらさず、ある人には害をもたらすので支持できないという点である。この制約の類を支持することは、多くの人々が平等主義は妙に破壊的であると考えることにつながるだろう。

水準低下批判は直観的に確実な根拠に基づいているように思われる。しかし、平等主義を決定的に否定する前に、厚生主義そのものがあまりに説得力があることによって、平等主義が実は私たちが見落としているかもしれない価値に基づいているのではないかということを私たちは検討しなければならない。[*9]もし、そうした価値を私たちが見つけられたら、厚生主義的制約と水準低下批判を却下しなければならないだろう。

平等の魅力は何であろう。たとえば、単に同じ身長など明らかに（道徳的）価値のない平等もある。しかし、私たちは分配における重要な事柄に関心を向けている。つまり、人々の生活が当人にとってどれほど上首尾にいくかどうかということだ。厚生が平等に分配されるかどうかはなぜ重要なのだろうか？この問いに対する一番もっともらしい答えは、公正さ（fairness）の価値に訴えることである。[*10] **不平等**や**不平等2**における不平等は、これらの帰結においては当人に何の落ち度もないのに他の人より境遇が悪いので、言い換えれば、不公正と考えられるだろう。帰結における不公正さはこれにもっともらしく反論されるだろう。公正さのこの解釈では、人々はお互いの相対的な立場のみによって決まるので、相対的公正性と呼ぼう。

私は相対的公正性について二つの疑念を抱いている。一つはその起源に関するもので、もう一つはよりもっともらしい他の原理と混同しているのではないかという点である。第一にこの概念の起源について考えよう。ここで、私はミル（John Stuart Mill）が正義の概念の起源について明らかにしたのと同様の系図的仮説を提示したい。[*11] ミルによれば、私が読んだところによると、私たちの「正義の心情（the

＊8　パーフィットは影響を人数にも未来世代のアイデンティティにも与えない選択を「同じ選択」と呼ぶ。（*Reasons and Persons*, pp. 355-56〔森村進訳『理由と人格——非人格性の倫理へ』勁草書房、一九九八年〕).

＊9　しばしば、平等主義がデフォルトの地位とみなされるべきと言われる。それは正しいかもしれない。しかし、水準低下批判により、平等主義は十分にその地位でなくなるように思われる。

＊10　Broome, p. 193; Temkin, p. 13. を参照。

＊11　John Stuart Mill, *Utilitarianism*, 4th ed.（London: Longmans, Green, Reader, & Dyer, 1871), chap. 5（川名雄一郎・山本圭一

sentiment of justice)」はそうでなければ非功利主義的な道徳原理への見解を構成すると考えられるものであり、二つの自然な傾向から生まれてくる。その傾向とは、自己防衛と他者への同情である。本質的な考えは、正義の心情が育まれるのは、他者を害する者には害が与えられるべきというごく自然な欲望からである。このような成り立ちがゆえに、正義の原理としての道徳的地位に疑いを挟む余地を与えてしまう。正義の原理が、ごく自然だが非合理的な欲望から、非合理的な過程を通じて生じてくるからである（もちろん、ミルは正義の原理が非常に重要な「二次的諸原理（secondary principle）」であり、二次的諸原理は私たちの習慣的道徳において功利主義の原理により正当化される）。私が示したいのは、羨望や共感といった人間の生来の性質に基づいた同様の説明が相対的公正性についてもなされるということだ。ある財を所持していることで妬ましく思われている人から取り上げたいという欲求、そしてその人が所持していること自体に対する怒り、羨望はこれらを本質的構成要素としている。羨望は同情を通じて一般化され、ある者の人生が他の者よりも上手くいっているということに対する怒りになる。[*12] ここで留意してほしいのは、私は、相対的公正性は羨望に基づいていると訴えているのではなく、同情を通じて一般化された羨望に根本的な起源があると示しているということだ。一般化された羨望は、文化的進化の過程を通じて、当人に責任がないのであれば、ある個人が他の者より境遇が悪いのは悪であるという原理になるかもしれない。相対的公正性が実際に適用されたなら、境遇の良い人への悪意を伴うとは限らず、そのような悪意が無視されるような場合には相対的公正性は実際に機能するかもしれない（例えば、ある人が大昔の社会間不平等に考えをめぐらしたり、自分より境遇の悪い人々との間の不平等に考えをめぐらしている場合がそうである）。[*13] さらに、相対的公正性は、自尊や理にかなった整合性といった概念と関連しているかもしれないし、真価の原理といった他の原理によって制限されているのかもしれない。しかし、問題となるのは、他の概念に適切な道徳的重要性が与えられるやいなや、相対的公正性の起源が羨望全般にあるということそれ自体に、独立した道徳的重要性があるのかが疑わしくなるということだ。もちろん、ミルの正義の場合のように、その概念を守る方を選択すると言われることが多いかもしれない。そして、その起源にもかかわらず、相対的公正性は最終的に私たちが賛同するようになるべきものかもしれない。私が言いたいことは、羨望仮説には答えるべきことがあり、羨望仮説が相対的公正性に疑問を投げかけているということだけだ。

郎訳『功利主義論集』京都大学学術出版会、二〇一〇年). さらなる解説と議論としては、私の功利主義におけるミルを見よ (London: Routledge, 1997), chap. 7.

＊12　一つには共感に対するアピールから、私の説明はフロイトのネオ・ホッブズ／ヒューム的説明と異なる。フロイトの説明は、平等原理は、敵対的略奪を防ぐために、嫉妬している個人によって自己便益のために採用されるというものだ。もちろん、二つの説明は相互に排他的である必要はない。フロイトの説明の有益な議論は、John Rawls, *A Theory of Justice* (Cambridge, Mass.: Harvard University Press, 1971), pp. 539-40（川本隆史・福間聡・神島裕子訳『正義論』紀伊国屋書店、二〇一〇年）を見よ。フロイトは、保育所で正義の感覚に発展する羨望を見ることができると妥当に示している。ロールズは次のようにコメントしている (p. 540):「確かに、子供たちはしばしば妬み嫉妬深い。そして、彼らの道徳観は、非常に原始的であるので必要なことの区別がついていない。しかし、これらの困難をいったん置いておくと、彼らの社会感情は憤りから、自分たちが不公平に扱われているという感覚から生じていると言えるだろう。」私は、正義意識がすでに発達している、より年長の子供たちにのみ言えると考える。私の2歳の娘とその友人は、私に分かるような道徳観はないが、確かに妬み深い。

＊13　これらの例はラリー・テムキンのおかげである。私は、彼にこの話題に関する私たちの議論で恩恵を受けている。

しかし、これは単なる仮説である。私たちが分配を評価するにあたり、人々の相対的立場が重要だと示されるかもしれない。次のケースを考えてみよう。アニヤは現時点では彼女自身の責任ではないのに実に悲惨な子供時代を送ってきている。それに対して、ビクは彼の努力とはまったく無関係に素晴らしい子供時代を送ってきた。もし私が分配する際に分割できないもの――たとえばディズニーランドでの休暇など――を持っており、ビクはそれを非常に喜ぶと確信していても、アニヤに与えるというケースはないのだろうか。もし私がビクに休暇を与えたなら、アニヤは羨望ではなく相対的公正性に基づいて正当な要求する権利を持たないのだろうか。

アニヤは彼女自身の責任でなくビクより恵まれない子供時代を過ごしてきたという理由で、彼女は休暇を要求する正当な権利を持つというなら、人々の相対的地位が財（もしくは避けることのできない負担）の分配において重要であるかもしれないと認めるにすぎない。この立場――私たちは分配における相対性の妥当性の原理（Rの原理）と呼べるだろう――は単なる相対的公正性とはまったく異なる。この立場は、平等はそれ自体で善い、もしくは、不平等はそれ自体で悪いという意味を含まず、単に財や負担を受け取る可能性のある人の相対的立場が分配に関係していることを意味している。

相対的公正性それ自体に無関心であるのならば、なぜ相対的立場には関心を持つべきなのかと平等主義者は訊ねるかもしれない。アニヤとビクが不平等であるのは悪なので改めようとは考えないのに、なぜ二人の相対的立場に関心を向けるべきなのだろうか。

なぜ無関心でいられようか。一方の平等主義、他方の厚生主義的制約とRの原理、これらの間には深い違いがある。私が示したいのは、相対的立場に注目するが水準低下は認めないという見解には、平等主義より強い魅力があるということだ。そして、少なくとも平等主義の魅力のいくつかは、おそらくこのRの原理と厚生主義的制約の組み合わせと混同されていることから生じているであろう。

2 優先性

Rの原理は分配における受益者の相対的立場に私たちの注意を向けさせるのだが、不平等それ自体が悪（bad）だという考えにコミットするわけではない。したがって、私が最初に示した二つの帰結について言えば、**不平等**より**平等**を支持しつつ、私たちは水準低下批判を避けることができる。この節では、パーフィットによって水準低下批判への応答として提出されたRの原理について検討する。[*14] パーフィットによれば、政治的平等主義者として知られている人々は、しばしば、平等だけでなく境遇の悪い人の苦境に関心を持ち、彼らに優先性を与えたいと考えている。

優先主義（The priority View）：境遇が悪いほど人々に便益を与えることはより重要である。

相対的公正性は比較的であるが優先主義はそうでないという点に留意することで、一方で相対的公正

＊14　Parfit, "Equality and Priority," p. 12を見よ。パーフィット自身、スキャンロンやその他の論者に言及している。

性への関心と他方で優先主義との違いが明らかになる。[*15] 平等主義者は、彼もしくは彼女の立場がより境遇の良い人と比較して劣っている場合に限り、境遇の悪さに懸念を示す。それに対して、優先主義者はその人の絶対的な福利水準との関連で比較して境遇の悪さに懸念を抱く。私は最も妥当と思われる優先主義を見つけようと思う。第一に、帰結を評価する際に一種の「全員一致（unanimity）」を求めるかもしれないというトマス・ネーゲル（Thomas Nagel）の提案を考えてみよう。

このような規準の本質は、影響を受ける各人にとって実質的な意味において受け入れ可能な結果を達成するために、道徳的評価において、各人の観点を個々別々に考慮しようと試みることにある。〔中略〕しかし、結果が最も受け入れがないものとなる人に受け入れがたさの最も少ない結果を見い出そうとして、各人の観点からそれぞれの結果を評価することは可能である。このことは、これ以外の選択肢はどれも、この選択肢が誰にとっても受け入れがたい以上にだれか特定の人物にとって受け入れがたい、という意味である。先行される選択肢は、各個人の観点から個々別々に考慮されたとき、その意味において受け入れがたさが最も少ないものである。数を考慮に入れず、最も恵まれない人々に絶対的優先権を与えるという徹底的に平等主義的な政策は、この意味において受け入れがたさの最も少ない選択肢を常に選ぶことから帰結するだろう。[*16]

この解釈では、優先主義は次のように記述できる。

絶対的優先主義（The Absolute View）：人々に便益を与える際、最も境遇の悪い人（もしくは人々）はより境遇の良い人に対して絶対的な優先性が与えられる。

次のような分配について考えてみよう。WPは最も境遇が悪く、それぞれのグループの人数は1000人とする。

このケースにおいて、絶対的優先は**現状**から**拡大配慮**への変化より絶対的優先の変化を支持する。ネーゲルの説明において重要な概念は、各人の見解を個別に考慮しなければならないという契約主義的見解である。[*17] **絶対的優先**において、**WP**は非常に深刻な苦痛を抱えており、**グループ1**はそれに匹敵する

---

*15　Ibid.,p. 13. この点は、相対的公正性とRの原理の重要な相違をもたらす。Rの原理は、相対的地位がそれ自体で価値があると信じる必要はなく、ただ単に相対的地位は関連性があるだろうという事実を受け入れるだけである。

*16　Nagel, p. 123（永井訳、一九二頁）. Dennis McKerlie（"Egalitarianism and the Separateness of Persons," *Canadian Journal of Philosophy* 18［1988］: 205-26, pp. 219-21）. この論文は、全員一致はネーゲルの真の関心ではないと示している。なぜなら、優先主義の結果は、境遇の悪い人にとってのみ良いものだろうからだ。パーフィットは、問題の一致は皆の受け入れられる程度を最大にすることで成り立つと私に示した。最も境遇の悪い人はたとえ彼または彼女にとって最良の結果であっても最も境遇が悪いだろうから、この結果を選ぶことで、誰にとっても受け入れやすい結果を選択することになる。しかし、境遇の良い人は優先主義の結果を依然として受け入れないかもしれないという事実は残っている。私はここでの核心的概念は各個人に対する政策の正当化の可能性だと示すだろう。他の方法でなく、境遇の良い人が彼らの費用で境遇の悪い人に便益を与えることは正当化可能である。McKerlie, "Egalitarianism," pp. 224-27も見よ。

*17　契約主義（contractualism）の見解についての議論はT. M. Scanlon, *What We Owe to Each Other* (Cambridge, Mass

	WP	グループ１	グループ２
現状	8.9	9.1	100
絶対的優先	9	9.1	100
拡大配慮	8.9	100	100

痛みがあると仮定する。**絶対的優先**ではＷＰにチョコレートが与えられることになる（ＷＰの苦痛はひどいがチョコレートを享受できないほどではない）。絶対的優先は１０００人の深刻な苦痛を緩和するよりＷＰにチョコレートをあげる方を支持する。なぜなら、絶対的優先主義は「人数を度外視する」マキシミン原理なので、ロールズの格差原理のように、最も境遇の悪い人に対する便益を、彼らがどんなに少人数でその便益がどんなに小さくても、他の人に対するいかなる便益よりも優先する。それが二番目に境遇の悪い人々に対するどんなに大きな便益であってもそうである。ところが、これは水準低下と同等に理に反しているように思えるだろう。[18]

そうなれば、最も境遇の悪い人に優先性を与えるが、優先性を与えるに際して問題となる便益の大きさと便益を得るだろう人々の数を考慮に入れるような原理が必要となるだろう。お分かりのように、優先主義は本質的に非辞書的に重みづける原理である。[19]

加重的優先主義（The Weighted Priority View）：便益を与えられる人の境遇が悪いほど、その人たちの人数が多いほど、問題となっている便益が大きいほど、人々に便益を与えることは重要である。

加重的優先主義によると、境遇の悪い人より境遇の良い人への便益が著しく大きい場合や境遇の良い人の数が多い場合には、彼らに対して便益を与えることができる。もちろん、絶対的地位や便益の大きさや受益者の人数という要因をいかに重み付けするかは重要な問題であるが、これらの要因にどのような重みづけをしても、加重的優先主義はあまりに多くの加重を与えすぎてしまうことを私は示したい。次のような提案について考えてみよう。

この図は、個人の地位の改善に伴う道徳的重み（the moral weight）を表している。[*20] たとえば、私が、すでに1単位所持しているPに1単位を、2単位所持しているQに2単位を、98単位所持しているRに3単位を分配することができたとする。この際、私の行為の全体的価値は次のようになる。

水準の改善	重み	総価値
1→2	100	100
2→3	99	99
3→4	98	98
⋮		
98→99	3	3
99→100	2	2
100→101	1	1

Harvard University Press, 1998), pp. 229–41 を見よ。

＊18　ネーゲル自身（p. 125）、最も境遇の悪い人へ最小の便益を与えることより境遇の良い人へより大きな便益を与えることの方がより緊急性があると認めるだろうと示している。しかし、これは、もし、受容可能性が問題の人々の立場に密接に結びついていないなら、功利主義のような理論は全員一致テストの基準を満たすことができるという意味で、最も受け入れがたい人にとって受け入れがたいさが最も少ない帰結を選ぶという彼の見解を放棄することになる（上の先の16を見よ）。さらに、ネーゲルは、人数を無視することができないと言っているのだが、彼は、彼の全員一致の基準はこれを説明できず、他の基準でもこれを示していないことを認めている。

＊19　参照としてテムキンの "Weighted Additive Principle" (Temkin, p. 41).

＊20　101は人が達成できる可能性のある福利の最高水準を表していると仮定する。

	境遇の悪い 10 人	境遇の良い 15,000 人
現状	1	98
苦痛を緩和した場合	51	98
チョコレートを与えた場合	1	98

P（1単位所持、1単位取得）：100
Q（2単位所持、2単位獲得）：99＋98＝197
R（98単位所持、3単位獲得）：3＋2＋1＝6

便益の大きさに注目すると、この場合、私はQに便益を与えることになる。しかし、P'という他の人物が存在していたと仮定してみる。このP'はPと同じ地位におり、私がPに便益を与える際に同様に1単位与えるだろう。その他は（先の例と）同様である。PとP'に対する便益の全体的な価値は次のようになる。

P＋P'（ともに1単位所持、1単位取得）：100＋100＝200

この場合、受益者の数は、特定の個人が得る便益の量の重要性を上回る。

加重的優先主義によれば、（前例で比較した）**絶対的優先**より**拡大配慮**の方が明らかに優れていると判断するだろう。しかし、加重的優先主義は人々の便益を単純に足し算するので、重みづけにかかわらず次のような問題が生じる。[*21] 非常に境遇の悪い10人と非常に境遇の良い1万5千人がいる場合を考えてみよう。[*22]

苦痛を緩和した場合、境遇の悪い人々はそれぞれ50単位を得て、そうした人々の人数は10人である。この帰結における境遇の悪い人々の水準が改善したことに対する価値は、したがって、(100+99+98+97・・・+53+52+51=3775)×10=37750となる。チョコレート(本当に美味しいチョコレート!)を境遇の良い人々にあげることに対する価値は3×15000=45000となる。

言い換えると、加重的優先主義によれば、(絶対優先主義と違って)最も境遇の悪いごくわずかな人々に対して最小便益を与えるために、わずかばかり境遇の良い大多数の人々に莫大な犠牲を要求することは避けられるが、非常に境遇の良い人々へわずかな便益を与えるために境遇の悪い人々に莫大な犠牲を強いてしまうのである。「例外なく」単純に便益を足し算することによって、便益の大きさと受益者の人数に適切な道徳的重要性を付与することができないのである。この特徴は、絶対的優先主義よりひどい考えであるように思う。なぜなら、絶対的優先主義は少なくとも常に最も境遇の悪い人々の便益になるように分配を修正するからだ。

重みづけが低水準のみで働くようにしてもこの問題は解決できないだろう。境遇の良い者の人数が十分に多いかぎり、境遇の悪い人々へ多くの便益を与えることより境遇の良い人々へのわずかな便益が優先されるだろう。問題は単純な集計方法から生じるので、個人の人数に対する重みづけを減らすことで問題が解決できる可能性がある。[*23] 次(のような見解)を考えてみよう。

*21 参照としてテムキンの“Repellent Conclusion”(Temkin, p. 218).
*22 もちろん、ここでいう裕福な人は福利が豊かで、貧しい人の福利は乏しいと仮定している。
*23 この案はジェフ・マクマハン(Jeff McMahan)に負うものである。

	境遇の良い10人	非常に境遇の良い10,000人
現状	80	90
1982年産ラフィット	82	90
1982年産ラトゥール	80	92

数による加重的優先主義（The Number-Weighed Priority View）：その人たちの境遇が悪いほど、その人々の数が多いほど、当該の便益が大きいほど、人々に便益を与えることは重要である。しかし、彼らの境遇が良いほど、人数は重要でなくなる。

たとえば、人数が多くなるにつれて、人数の重要性を徐々にゼロに近づけるということができるだろう。**苦痛を緩和する場合**と**チョコレートを与える場合**のケースにおいて、次のような重みづけは容易に考えられるだろう。集約に際して、私たちの直観に合うよう、2番目の境遇の良い人は3以下、3番目の人はさらにそれ以下というように、合計で３７７５０以下となるよう重みづけをするのである。

しかし、私が**ビバリーヒルズのケース**と呼ぶことについて考えてみよう。このケースでは、いずれも境遇の良い異なるグループに高級ワインを与えなければならない。[*24] **境遇の良い10人**に**１９８２年産ラフィット**を与える価値は（20＋19）×10＝３９０である。

いま、**１９８２年産ラトゥール**を**非常に境遇の良い１００００人**に与える価値が３９０未満となるよう数的重みづけが考案されたと仮定しよう（いかに数字が計算されたかはこの例の目的にとって重要ではない）。ここでまた、優先主義を見直したとしても、間逆の極論にしかたどり着けないということを私は示したい。つまり、人数を単純集計する極端な見解から人数がまったく重要ではないという見解に行き着いてしまうのである。**非常に境遇の良い人々**への便益の単純集計を完全に禁じられたからといって、**境遇の良い人々**が（非常に境遇の良い人々より）優先されるというのはあまりにも馬鹿げていると思われる。実際、ビバリーヒルズのケースから分かることは、いったん受益者が一定水準を超えると優先主義的関心は完全になくなるということである。これは、いかなる優先主義も失敗作だということを意味する。すなわち、人々が一定水準に達したなら、たとえ彼らが他の人より境遇が悪くても、彼らに便益を与えることは重要ではない[*25]。そして、ビバリーヒルズのケースでは総効用が同等であっても私には正しいように思われる。たとえ**境遇の良い人**と**非常に境遇の良い人**へと便益が同じで人数も同数であっても、私には「より境遇の悪い方」に優先性を与えることは価値がないように思われる。この段階では、総効用のみが重要であり、二つの分配から選択するというものではない。本論文の最終節では、これまでの議論に基づいて優先主義の代替案を概説する。

＊24　私は、いくらかの量で供給されて、それが些末なものでないと仮定しているが、そうでないと思う人は、代わりに何か些末でないもので考えよう。
＊25　参照として、エリザベス・アンダーソン（Elizabeth Anderson）の現代の平等主義の怠惰なサーファーに関する配慮を挙げる。および、アンダーソンの"What Is the Point of Equality?" *Ethics* 109（1999）: 287-337, pp. 287-88（本書第3章）を見よ。

相対的公正性には価値がないため、平等主義は失敗した。優先性は必ずしも価値があるとは限らないので、私たちが優先性を与えられるべきと考えるようなケースで、なぜ優先性を実際に与えるべきなのかを説明しなければならないのだが、優先主義はそれができないので失敗した。そこで、私たちは、私の最初の二つの分配において（これがビバリーヒルズのケースではないと仮定して）、**不平等**より**平等**を支持すべきであると訴える理由をどこかに見なければならない。

3 同情

アダム・スミス（Adam Smith）以来、不偏的観察者という概念を用いて、分配原理すなわち分配的正義を明確にするのは一般的であった。

私たち自身を、まるで、自然な位置から離し、私たちから一定の距離があるものとして感情や動機を見ようとしないかぎり、私たちは決して自身の感情や動機を概観することはできないし、それらについて判断できない。公正な不偏的観察者が検討するだろうと想像するように、私たちは自身の行為を検討しようと努める。[*26]

不偏的観察者は、しばしば、不偏性以外の徳を有するとみなされる。結果志向の見解は徳倫理のあり方とまったく異なるので、帰結の順位付けをする原理を定式化する目的のために有徳の観察者の概念を用いようとすると必ず失敗すると考えられるかもしれない。しかし、そうした（帰結主義と徳倫理との）区別が道徳理論の現実を切り開けなくしているかもしれない。だから、本来、有徳な観察者の視点から順位付けをするが帰結の順位付けに基づくような理論には、矛盾がないように思われる。実際、不偏的観察者の概念は、最も重要な帰結を順位付けする理論であるところの功利主義における最も標準的な議論や表現の一つであった。この場合、観察者は影響を受けるすべての人々の立場に自身を置くことができ、同等の効用は平等とみなすという意味で完全に個人間で不偏であると仮定される。この理論的道具は、多くの人が功利主義を魅力的だと思うようになるという意味で、徳になるのである。それはすなわち博愛（benevolence）である。実際、不偏的観察者に功利主義の基礎をおくことそれ自体、理論が対象にしている人々への博愛のアピールであるとさえ主張できるかもしれない。

もちろん、多くの人が功利主義について憂慮すべきと考えるのはまさにこの不偏的観察者の博愛にほかならない。[*27] 全体でどれほどの福利があるかだけでなく、それがいかに分配されているかが重要であると思われる。特に、私たちは、真に有徳な観察者は境遇の悪い人々に対してより関心を向けるだろうと考えるだろう。そうした配慮の背後にはどんな徳があるだろうか。答えは同情（compassion）である。観察者は影響を受ける人々すべての立場に自身をおき、当該の個人の境遇が悪ければそれだけより関心

＊26　Adam Smith, *The Theory of the Moral Sentiments* (1759), ed. D. D. Raphael and A. L. Macfie (Oxford: Oxford University Press, 1976), p. 110.（高哲男訳『道徳感情論』講談社、二〇一三年）

＊27　Philippa Foot, "Utilitarianism and the Virtues," *Mind* 94 (1985): 196–209. を参照。

を持つ。境遇の悪い人に関心を示さない観察者は悪である。すなわち、彼もしくは彼女は冷酷である。[*28]
観察者による徳とは、ごく日常的な徳（the ordinary virtue）を理論化したものだと留意することが重要である。ごく日常の生活において、私たちが博愛ある人と述べる人物は、たとえば友人や隣人を助ける人であって、功利主義的な意味で不偏的な人ではない。しかし、理論的目的のために、ごく日常的な徳からはじめ、それらの徳を不偏性と上手くいくように再構成することはさほどおかしなことでないように思われる。同じことが同情にも当てはまる。通常、同情心のある人物は、たとえば、彼または彼女が目撃した苦難や身近な苦境にいる人によって特に動かされる可能性が高い。それは真の観察者ではない。功利主義に対してしばしばなされた批判（それは、功利主義は単位幸福のみに関心を持ち個人には持たないというものである）は観察者に対してなされたものではありえないと留意することが重要である。彼または彼女は人格の相違を認識し、ある程度まで、ここでは同情は非個人的な徳ではなく個人的な徳と理解される。[*29] 私が勧めているモデルは、同情は実に素晴らしい特性であるという考えに拠っていると指摘することも価値がある。たとえば、「実用的」観察者や「現実的」観察者を採用した別のモデルはまったく異なる原理を提出するだろう。
不偏的観察者の概念と共に用いられる同情の概念を用いることによって、境遇の悪い人（の絶対的水準）が低い時、そしてその時のみ、その人に優先性を与えるような分配への材料を、私たちは得るだろう。言い換えると、正義における最低限値（threshold）の概念のために、原理に基づきつつ非恣意的な基盤を提供することで、ビバリーヒルズのケースの問題を避けることができる。[*30] こうした見解には、最低限値を上回る領域では優先性は働かないが最低限値の下では働くような絶対的最低限値に立脚しているだろう。また、最低限値を下回る人々の境遇がどれほど悪いかと同様に、絶対的優先主義に伴う問題を回避するために便益の大きさと受益者の人数を考慮に入れるだろう。最低限値より上では何か起こるだろうか。妥当な見解の一つは、最低限値より上では功利主義とするものである。しかし、最低限値を下回る分配について同情に基礎に据えるのだが、このことは最低限値を上回る領域でどうあるべきかとはまったく無関係だという点に留意することが重要である。そして、もし、無視できないような博愛だけが同情の概念だとするなら、提案されているのは次のようなものである。

同情原理（The Compassion Principle）：同情が生じる（範囲である）最低限値を下回る人々の便益に

＊28　必要な徳は正義であると示されるかもしれない。しかし、分配において正義の徳が要求するのは、まさに私たちが決めようとしているものである。これは、なぜ私が唱えているモデルへの異議は間違いかを説明している。そのモデルとは、同情は、通常人々が権利があると考えるようなものではないのに対して、正義は権利の問題であるというものだ。不偏的観察者の同情（ここでは権原の問題を提起する必要がない）により、私たちは福利を向上させる財への権限を確定することが可能となる。

＊29　ここでは、私は、博愛の個人的範囲とみなされている同情に関する有益な議論の影響を受けている。Kai Draper, "The Personal and Impersonal Dimensions of Benevolence," *Nous* 36 (2002): 201–27.

＊30　私たちはリチャード・アーネソン（Richard Arneson）の懸念に返答する（ここでは、マーサ・ヌスバウム（Martha Nussbaum）について述べられている）。「私は、彼女が「十分」持っているというような唯一の水準（それは幅の厚いラインでもない）をどう見つけるのか分からない。」"（"Perfectionism and Politics," *Ethics* 111 [2000]: 37–63, p. 56; see also Richard Arneson, "Egalitarianism and Responsibility," *Journal of Ethics* 3 [1999]: 225–47）.

	WP	グループ1
現状	22	26
最低限以下	24	26
最低限以上	22	100

は絶対的な優先性が与えられる。最低限値より下では、人々の境遇が悪いほど、彼らの人数が多いほど、当該の便益のサイズが大きいほど、人々に便益を与えることは重要である。最低限値を上回る場合や最低限値より下における些細な便益に関する場合には何の優先性も与えられない。

最低限値を上回ると同情が働かないのかと問われるかもしれない。不偏的観察者が最低限値を上回っているがひどい頭痛に苦しんでいる人について検討しているケースを考えてみよう。仮にそれが可能な選択だとしたら、観察者はこの個人に同情を感じず、その人に頭痛薬を与えようとしないだろうか。ここでもまた、同情が理論化された形で用いられていることを思い出さなくてはならない。もちろん、通常であれば、博愛の人は、たとえその人の境遇が良くても頭痛で苦しんでいる人に関心を示すだろう。しかし、理論の中では、そうした関心を「単なる」博愛と理解しなければならない。そして、同情は、境遇の悪い人の便益に特別な重みづけをすることである。

この見解に伴う問題となる可能性のあることは次のような場合である。また、境遇が悪い人**WP**の次のような状況を考えてみよう。

25が最低限値で2増加することが重要でないと仮定すると、この見解は、最低限値を上回る人々の便益（たとえそれがどんなに大きな便益であっても）より最低限値を下回る人々の最小の些細な便益を選ぶ。つまり、**最低限以上**より**最低限以下**の方が良いとみな

	WP	グループ1
現状	1	20
苦痛緩和1	20	20
苦痛緩和2	1	21

されるだろう。この見解は（おかしいと思われる方が多いかもしれないが）、最低限値とは同情がもはや働かなくなる点だということさえ分かっていれば、実は一見するよりおかしなことではない。境遇の悪い個人に便益を与えることは特別なことであり、それは最低限値を上回る人へ便益を与えることにはないはずのものである。

加重的優先主義が直面していたのと同様の次のような難点も考えられる。ここで、同情が働く水準よりはるかに低水準の人がいると考えてみよう。そして、最低限値の水準をわずかに下回る人が数千人いると仮定しよう。最も境遇の悪い人を拷問部屋から解放することも、**グループ1**の全員が苦しんでいる片頭痛を和らげることもできる。同情原理は、**グループ1**に十分な人数がいれば、最も境遇の悪い人ではなく彼らに便益を与えるであろうと暗示していると考えられる。これは直観に反しているように思われる。

この問題は、同情原理の解釈の一つと一致しているのは確かである。しかし、人数についての特定の重みづけを仮定している。実際、上述のケースでは、**グループ1**より最も境遇の悪い人に対して便益を与えるために、同情原理は、他の要素（＝当該利益の大きさ）に重みづけをすることもできる。

同情原理が問われる明らかな問題は、同情が働く最低限値はどこにあるのかということである。ここでは、関連する問題と議論の一部を概説するだけにとどめよう。[*31] 同情がニーズと密接に結びついているという考え方があるだろう。私たちは困窮した人に気づ

	人間1,000人	犬
現状	6	3
苦痛を緩和した場合2	20	3
ビスケット	6	4

いたら、同情的配慮により、困窮してない人より特別な優先性を与えなければならないと考える。

この考え方の問題点は、ニーズや欲求満足度やその他の福利の構成要素の相違において、同情の前にニーズが出てくることである。非常に豊かな人々が数多くいる中で、非常に貧しいが基本的なニーズやそれ以外のニーズは満たされているグループがあるとする。[*32] 境遇の悪い人への同情的配慮は、たとえ、貧しい人が必要ということのできない財を購入するのに得た資源を使ったとしても、少なくとも豊かな人から貧しい者への（便益の）移転を支持する。もちろん、同情が働く領域をカバーするようにニーズの概念を拡大することもできるかもしれない。しかし、それでも領域自体の境界の問題は依然として残る。

一つの明白な方法は、どこかに福利の絶対的な水準で同情の最低限値を設定しようとすることである。その際、個人の福利は当該個人にとってどれほど良いかと同義であるとされる。しかし、かなりの苦痛を感じている多くの人間と満足した犬の状況を考えてみよう。

絶対的最低限値がどこに定められようと、人間の福利を大幅に増加させることより、完全に満足した人間以外の動物の福利をわずかだが無視しえない程度に増加させることに優先性を与える可能性がある。[*33] 最低限値が5であると仮定すると、同情原理は、多くの人間の苦痛を（生涯にわたって）和らげることよりも犬に良質のビスケットを（生涯にわたって）与えることを優先するように思われる。

そうした結論は、絶対的最低限値の概念に内在する誤りではなく、福利の理論に内在する誤りを示していると考えられるかもしれない。しかし、最も妥当で広く支持されている福利の見解によれば、人間以外の動物の命はたいていの人間の命より価値がない[*34]。快楽主義（hedonism）によれば、苦痛を伴う精神状態より喜びが勝っている状態に福利は存在する。人間が得られる楽しみの種類が様々であるからだけでなく人生がより長いため、多くの人間の人生には、いかなる人間以外の動物の人生より苦痛をはるかに上回る喜びがあるのは明らかである。快楽主義者のJ・S・ミルの有名な言葉のように「満足した豚より不満足な人間の方が良い[*35]」。（快楽主義者でない）いわゆる福利を欲望と見る見解をとってみても、

＊31　私は、同情それ自体についてもっと多く述べる必要があると言えるかもしれない。しかし、本論文における私の主な目的は、同情に関する特定の概念――経験的知識に基づくものか生来のものかといった――を推奨することではなく、不偏的観察者のモデルにおいて、同情は、いくつもの妥当な方法で理解されているが、私たちが分配的正義の妥当な原理を構築するのに役に立つだろうと示すことにある。もちろん、いかなる特定のモデルのいかなる発展でもその同情の概念についてもっと述べなければならない。特に、真価との関係についての問題はそうである。

＊32　私は何が「基本的」で何が「非基本的」かは読者に委ねる。

＊33　参照 Jeff McMahan, "Cognitive Disability, Misfortune,and Justice," *Philosophy & Public Affairs* 25 (1996): 3-35, pp. 8-9.

＊34　福利の中心的理論に関する議論は例えば Parfit, *Reasons and Persons*, app. I（森村進訳『理由と人格――非人格性の倫理へ』勁草書房、一九九八年）を見よ。

＊35　Mill, chap. 2, par. 6.

人間と人間以外の動物の比較に関して同じことが当てはまる。人間の欲望は、人間以外の動物の欲望よりも多様で複雑である。最後に、福利を「客観的リスト」と考える見解について考えてみよう。この（見解が主張するところの）リストによれば、人生の価値は知識や友情などのある種の善を例示したものに存在する。もう一度言うが、たいていの人間はたいていの動物よりはるかに良い。

いま、私たちは満足した犬にではなく苦しんでいる人間に同情を感じている。しかし、問わなければならない問題は、不偏的観察者が同じように感じるかどうかである。たとえば、博愛の場合、たいていの人間は他の動物よりも他の人間に対してより博愛の配慮を抱くようだ。たとえば、奴隷に対する私たちの一般的態度と工場式畜産経営に対する私たちの一般的態度を比較されたい。不偏的観察者の中でも最も妥当な形で用いられる博愛モデルは、（人間と動物を差別しない）反＝種差別主義者（nonspeciesist）となるだろう。それを受け取ったのが誰であれ、なんであれ、便益は便益である。おそらく、不偏的観察者は、全体的な福利水準に従って同情を感じると考えられる。そしてこの場合、上記のケースでは、不偏的観察者は犬に便益を与えるように、より重みづけをするだろう。

私にはこの見解をまったく受け入れる用意がある。そして、実際、満足している人間でない動物のために同情を（おそらく、憐みがより適切な記述になるだろう）抱くことさえできる。[*36] もしこのアプローチがあまりに直観に反すると思われるなら、他の選択肢としては、ジェフ・マクマハンが「幸運（fortune）」、つまりなんらかの適切な基準と比較した個人の境遇の程度、と呼ぶものと同情を関連付けることである。[*37] マクマハンは、そうした基準が種特異的であるという見解を退けている。マクマハンの支持する見解によれば、ある個人の幸運は、個人に対して開かれた人生の可能性に加えて、ほぼ同じ認知能力を持つ種に属する他の個体により評価される。しかし、これに対して、福利に応じた同情を支持する者は、そもそもごく限られた認知能力しか持っていないというごく単純な理由で、不偏的観察者は何らかの存在（たとえば犬）に同情を抱くにすぎない主張するだろう。たしかに、何かが犬のために良くなったかは明らかではないので、非常に満足している犬を「不幸」と言っても意味がない。しかし、福利の水準に同情が関連するという考えにアプリオリな魅力があるのならば、幸運の概念を導入する必要がそもそもなくなるかもしれない。

どのモデルが採用されても、私が先述したように、重要なのは同情が欠乏の概念と結びついていることだと思われる。当該個人が十分な状態であれば同情は働かないと思われる。もちろん、個人に対するすべての博愛の配慮がなくなるというわけではない。よって次のようになる。[*38]

十分性原理（The Sufficiency Principle）：Bが十分に良い生活を送ることができるような福利水準となるまで、いかなるBに対する同情は適切である。

＊36　これは私だけではない。ジョン・マクタガート（J. M. E. Mc Taggart）は猫であるという理由で彼の猫に同情を抱いたと言われている。McMahan, "Cognitive Disability," p. 9, n. 8を見よ。

＊37　Jeff McMahan, *The Ethics of Killing* (New York: Oxford University Press, 2002), chap. 5.

＊38　政治的平等主義者は各人が十分であることに関心を持つという考えはハリー・フランクファート（Harry Frankfurt）がはっきりと論じている。"Equality as a Moral Ideal," in his *The Importance of What We Care About* (Cambridge: Cambridge University Press, 1988), pp. 134-58.

もちろん、明白な疑問は、十分とはどの程度か、というものだ。ビバリーヒルズのケースの人々は十分な状態にあるという私の提言はあまりに狭小な福利の概念に基づいているだろうか。地球上で最も境遇の良い人よりもずっと高水準の福利で暮らしている存在がこの宇宙には何兆もいることを不偏的観察者は知っていると想像してみよう。不偏的観察者はビバリーヒルズのケースで同じ見解をとるだろうか。自身の同情の最低限値をより高く設定するだろうか。そうした質問に答える方法は分からないが、翻って考えると、私の直観では、いかなる存在にとっても、地球上で80年間良質の生活を送ることは十分であり、実に十分以上である。

さらに重要な疑問は、福利を全体的にその人の人生すべてにわたって判断すべきか、それとも評価の時点ですべきかである。[*39] いずれかの方を支持する場合があるように思われる。

映画のチケット：あなたは映画のチケットを余分に持っており、豊かな人か貧しい人のどちらかにチケットをあげることができる。豊かな人は通常100の水準であるが今日はひどい頭痛を抱えて10の水準である。貧しい人は常に10の水準である。（映画のチケットにより）受益者の現在の水準は1あがることになる。

苦痛に満ちた死：豊かな人は数日にわたり苦痛を伴う死に耐えている。あなたは彼女の痛みを緩和することもできるが、貧しい人にお金をあげるかこともできる。豊かな人の全体的水準は100であるが、いまは5である。痛みの緩和により現在の水準が25に、全体の水準は101まで上がる。

貧しい人の現在および全体的水準は30である。貧しい人に与えられた便益は、彼女の残りの人生にわたり均等に分配され、水準が31に上がる。

同情は、最初のケースでは貧しい人に便益を与えることを、2番目のケースでは豊かな人を支持するようだ。私は、私たちはこの問題をさらに掘り下げる必要はないのではと考える。同情的な優先性が適切か判断するためには、人生全体の評価も現時点のみでの評価もどちらも必要である。特に、現時点での評価する時は、現在の苦痛が特に重要であると思われる。[*40]

結論として、私はこの論文で次のことを論じてきた。平等主義は相対的公正性という概念が妥当性に欠けるので退けられるべきであり、優先主義は一定の最低限値を超えると優先性は重要でないので失敗している。不偏的観察者の概念を用いることで、同情原理により、いつ、なぜ境遇の悪い人に優先性を与えるべきかが最もうまく説明できると私は主張した。私が示したように、福利が十分である場合には同情は働かない。（同情原理は）人生全体の評価に基づくか、もしくは評価時点の個人の立場に基づくだろう。同情原理をいかに解釈するかに関する議論自体は、必然的に簡潔なものであった。しかし、少な

＊39　この論点に関する良質の議論としては、Dennis McKerlie, "Equality and Time," *Ethics* 99（1999）: 475–91; Temkin, chap. 8; and Klemens Kappel, "Equality, Priority, and Time," *Utilitas* 9（1997）: 203–25.

＊40　これは個人内の合理性に影響するかもしれない。Kappel, p. 227 を見よ。たとえば、その人の人生において、人生全体の価値が低まることになっても、ここでひどい苦痛を避けることが道理にかなっているかもしれない。

くとも、平等主義と優先主義に対する私の代替案は一歩踏み込んだ考察に値すると私は示したと思う。

編者あとがき

広瀬巌

本書は、分配的正義に関する最重要とされる論文を翻訳したものである。それぞれの出所は次のとおりである。

1 John Rawls. "Reply to Alexander and Musgrave", *The Quarterly Journal of Economics*. 88（4）: pp. 633-655（1974）.

2 Richard J. Arneson. "Equality and equal opportunity for welfare", *Philosophical Studies* 56（1）: pp. 77-93（1989）.

3 Elizabeth S. Anderson. "What Is the Point of Equality?", *Ethics*. 109（2）: pp. 287-321（1999）.

4 Derek Parfit. "Equality or Priority?", in Matthew Clayton and Andrew Williams（eds.）. *The Ideal of Equality*. Basingstoke: McMillan（2000）: pp. 81-125.

5 Roger Crisp. "Equality, Priority, and Compassion", *Ethics*. 113（4）: pp. 745-763（2003）.

それぞれの論文は、現在の分析哲学界で拮抗する分配的正義の理論を代表している。第1章はロールズの格差原理(difference principle)、第2章は運平等主義(luck egalitarianism)、第3章は民主的平等(democratic equality)もしくは関係性平等主義(relational egalitarianism)と呼ばれる立場、第4章は優先主義(prioritarianism)、第5章は十分主義(sufficientarianism)を代表する論文である。本書が真に『平等主義基本論文集』であるには、第2章のアーネソン論文に代えドウォーキンの「資源の平等」論文を、そしてネーゲルの「平等」論文を追加すべきであった。しかし、これらの論文の日本語訳はすでに存在する。

・ロナルド・ドウォーキン『平等とは何か』(小林公・大江洋・高橋秀治・高橋文彦訳、木鐸社、二〇〇二年)所収の「資源の平等」。
・トマス・ネーゲル『コウモリであるとはどのようなことか』(永井均訳、勁草書房、一九八九年)所収の「平等」。

本書とともに右の翻訳によって、現代分析哲学の分配的正義に関する最も基本的な論文が日本語で読めることになった。なお、訳語は基本的に拙著(齊藤拓訳)『平等主義の哲学——ロールズから健康の分配まで』(勁草書房、二〇一六年)に従っている。

第3章のアンダーソンの論文は、長尺なわりに哲学的内容が希薄な部分があったので抄訳とした。これとは対照的に、第4章のパーフィットの論文は、どの一文をとっても考えに考え抜かれ、無駄な文が一文もないという意味ですべての哲学者が手本とすべきなのだが、頁数の都合であまり議論されることのない「補論――ロールズの見解」を割愛することとした。

編者は、原著の自由な読み方を制限しかねないという理由で、翻訳書に付される「解題」や「解説」という日本出版界の独特の慣習を好ましいものとは思っていない。そこでここでは、各章を要約することはせず、最小限のバックグラウンドを三点に絞って紹介するにとどめたい。ここで紹介するバックグラウンドは、英語圏の専門家の間で共有されている雰囲気を報告するだけであり、このあとがきで書かれていることが通説だとか正しい解釈だとかと考えないでいただきたい。

日本のメディアでよく次のようなことをほぼ毎日耳にする。「格差拡大が大きな問題になってきている」とか、「格差社会の是正が求められている」とかである。これらの言説は格差がそれ自体望ましくないものだ、と暗に意味している。格差はそれ自体望ましくないのか。それとも、格差それ自体が望ましくないわけではなく、格差が社会にもたらす影響（例えば、治安の悪化や生産性の低下など）が問題なのか。格差がそれ自体望ましくないなら、それは悪なのか（価値の概念）、不公正なのか（義務の概念）、それとも不正義なのか（政治の概念）。実は、格差はそれ自体望ましいものでなく、他の望ましくない効果（例えば治安の悪化や生産性の低下）を生むから縮小されるべきなのではないか。このあとがきは、これらのどの問にも答えない。これらの問を答えるために、本書所収の論文を批判的に読んでいただき、その中から読者一人ひとりが答えを見つけられたい。これは突き放した言い方かもしれないが、哲学の根本は「人の考え」を変えることにはなく、「人の考え方」を変えることにある。

1　ロールズ分配理論と運の平等主義

第1章と第2章の論文は、分配的正義の基礎についての二つの異なる立場を代表している。第1章は言わずと知れたロールズの格差原理、第2章は運平等主義と呼ばれ、ロナルド・ドウォーキン（Ronald Dworkin）が最初に提示し、アーネソンがジェラルド・コーエン（G. A. Cohen）、カスパー・リパード＝ラスムーセン（Kasper Lippert-Rasmussen）、シュロミ・セガル（Shlomi Segall）などと展開してきた立場である。ロールズの格差原理と運平等主義はごく大まかに次のように理解されている。

格差原理：不平等が許容されるのは、その不平等が最も不遇な境遇に置かれている人たちの福利を最大化するときにのみである。

運平等主義：不平等が許容されるのは、その不平等が諸個人の選択の帰結であるときである。不平等が諸個人の選択不可能な状況に起因するとき、不平等は除去されなければならない。

二つの立場は、人々は完全に平等である状態が道徳的正当性を必要としない状態と考え、不平等な状態こそ道徳的正当性を必要とするという点で一致する。しかし不平等を正当化する要件、およびその理由づけが異なる。格差原理によれば、最も不遇な境遇に置かれている人たちにとっての状況が最大化されることが条件であるのに対し、運平等主義によれば諸個人の選択の帰結であるときである。

格差原理と運平等主義は、再分配の理由づけにおいても異なっている。両者とも、道徳的に恣意的な要素、例えば人種、性別、身体的特徴、障害の有無などの影響が取り除かれるべきだと考える。しかし、どのようにそれらを取り除くかで格差原理と運平等主義は考えを異にする。ロールズによれば、道徳的に恣意的な要素を中性化した後に、道徳的に恣意的な要素から解き放された抽象的な契約当事者がどのような分配スキームを選択するか、これが格差原理を含め正義の二原理の理論的基礎である。道徳的に恣意的な要素を中性化する理論的道具が、言わずと知れた「無知のヴェール」である。これに対し、運平等主義は、道徳的に恣意的な要素に引き起こされる悪影響としての不平等を除去するための分配スキームを構想する。誤解を恐れずに単純な例に例えるならば、ロールズによれば障害者に不利にならないようなるルールを設計し障害者と健常者が公平に競争できる環境を作ろうとするのに対し、運平等主義によれば障害者と健常者を競争させて障害が引き起こした差を事後的に補償しようとするのである。この違いを際だたせるために、次の状態を想像されたい。障害者が健常者より頑張ったという理由だけで、障害者が健常者より結果的に経済的に恵まれた状態である。この状態で、格差原理（より正確には、格差原理と実質的に同じ「マキシミンルール」）は障害者から最底辺の健常者への資源の移転を要請する。これに対し、運平等主義によれば障害者から最底辺の健常者への資源の移転を要請することはない。

読者はどちらの理論がより正義にかなっていると思われるだろうか。

2 アンダーソン論文の両義性

アンダーソンの論文は二つの点で重要とされている。第一に、運の平等主義に対する重要な批判をしたという点。第二に、「民主的平等」ないしは「関係性平等主義」と呼ばれるようになった立場を初めて表明したという点。第一の点について言えば、アンダーソンは大まかに二つの批判を繰り広げている。一つは「平等性からの屈辱的な手紙」批判、もう一つは「遺棄」批判である。前者の批判はまったく的はずれな批判と目されており、真剣に議論されることはない（同じような屈辱的な手紙は、いかなる分配的正義の理論に対して書くことが可能である）。重要なのは第二の批判である。実を言えば、運の平等主義にはかなり異なった立場があるのだが、アンダーソンの遺棄批判に対抗するという一点で共通している。驚くことに、遺棄批判はアンダーソン以前に経済学者であるマーク・フローベイ（Marc Fleurbaey）によって論じられ、彼自身が（満足できるかどうかは別として）解決策を提案していたということだ。詳細については、拙著『平等主義の哲学』2章4節を読まれたい。

第二の点に移ろう。民主的平等（関係性平等主義）とは何か。アンダーソンによれば、運の平等主義は平等の目的を取り違えている。平等の目的とは、道徳的に恣意的な要素が引き起こす不平等を是正することにあるのではなく、各個人が他の個人と同等の立場であることを保証することにある。同等の立場とはどういうことか。それは誰も他の人に支配されることのない状態である。なるほど、だれも他の人に支配されることのない状態は平等である。それでは、だれがそれに異論を挟むだろうか。運の平等主義は、誰かが他の人に支配されることを推奨しているのだろうか。結論から言えば、運の平等主義を含めどの分配的正義の理論もアンダーソンの考えに異論を挟むものはない。つまり、だれもアンダーソンの民主的平等に反対しないのである。ということは、アンダーソンの立場はほぼ空っぽな理論だということになる。それどころか、アンダーソンは自らの立場を平等主義というものの、どの分配がより望ましいかに関して何も言うことはない。あたかも、基本的人権の中身をまったく明らかにしないまま、基本的人権が重要だと言い立てたところで、ある国での基本的人権の状況が改善しているのか悪化しているのかを判断できないのと同じである。このような解釈はアンダーソンにとってフェアだろうか。読者の皆様に考えていただきたい。

3　平等主義、優先主義、十分主義

第4章と第5章は、三つの競合する分配理論を比較するのに有益である。それぞれの立場は次のように要約することができる。

価値平等主義：ある個人が他の個人より厚生が低いという事実、それ自体が悪である。

優先主義：厚生の絶対的水準が低ければ低いほど、厚生の道徳的重要さは増加する。

十分主義：十分水準以下の個人の厚生の向上が、十分水準以上の個人の厚生の向上を絶対的に優先する。

分配における「平等主義」といったとき、通常意味されるのは右の価値平等主義である。それが含意することは、不平等はその原因の如何にかかわらず悪だ、ということである。つまり、働かずに浪費にかまける素浪人の生活の質が、汗水たらして一生懸命働くサラリーマンの生活の質より低いという事態それ自体が道徳的に悪だというのである。平等主義といえば聞こえはいいが、このような含意を受け入れられる人は何人いるであろうか。パーフィットの水準低下批判は無邪気な価値平等主義に冷水を浴びせ、近年の哲学では平等主義を信奉する哲学者はごく少数になってしまった（実を言えば、編者自身はこの価値平等主義を擁護するごく少数の哲学者の一人である）。

平等主義を批判したからといって、生活の質の格差を無視すべきだとパーフィットがいっているわけではない。パーフィットは優先主義を提案し、平等主義を標榜していた哲学者はほぼすべてパーフィットに追随して優先主義者になっている。しかしながら、ごく少数の論者は優先主義にも満足しない。クリスプ論文の「ビバリーヒルズ」の例が優先主義への不満足を代表している。優先主義は超富裕層にではなく富裕層にワインを与えるべきだとするが、クリスプによればそのような判断は反直観的である。もし読者がクリスプの直観を共有するなら、十分主義を支持する理由があるかもしれない。それでは、十分主義の特殊ケースであるクリスプの「共感の原理」は、ビバリーヒルズの例でどの様のことを要求するのだろうか。ワインのボトルを破壊せよというのか。それとも、ワインを超富裕層に渡すか富裕層に渡すかクジで決めよというのか。読者は、クリスプが何を言わなければならないのか、そしてそれが直観的に正しい答えか、さらには結果的には優先主義よりいい主義主張か、これらを考えていただきたい。

4　あとがきのあとがき

「あとがき」とは本来、本書を出版にこぎつけるに際し、最終責任者が謝意を表すことが目的であるはずである。その本来の目的を完遂したい。まず、勁草書房の渡邊光さんに感謝を申し上げたい。そもそも、渡邊さんがこの企画を提案されなければ、本書は存在しなかったであろう。渡邊さんには、英語圏の出版社の編集者にはやってもらえないような重要かつ細かい作業をしていただいた。とりわけ、各章の翻訳者を探すという点では、日本の分析的倫理学を背負って立つ新進気鋭の研究者を探してきていただいた。

そしてもちろん、比較的短い期間に各章の翻訳をプロフェッショナルに遂行してくださった石田京子、米村幸太郎、森悠一郎、堀田義太郎、保田幸子、各氏に感謝を申し上げたい。それぞれの研究や教鞭に忙しい中、非難されることはあっても褒められることがあまりない翻訳という労を引き受けてくださった。特筆すべきは、優れた女性研究者二人がこの企画に参加して下さったことだ。どの分野をとっても「学界は男社会」という分配的不正義が二一世紀になってもまかり通っているが、本書に参加してくださったお二人が日本の分析的道徳哲学・政治哲学を力強く牽引していく研究者だと確信できたことが編者にとって特に嬉しい。

編・監訳者略歴

広瀬巌（ひろせいわお）

セント・アンドリュース大学（イギリス）にて博士号（Ph. D）取得。現在、マギル大学（カナダ）哲学部および環境研究科准教授。著書に *Egalitarianism* (Routledge, 2015)〔齊藤拓訳『平等主義の哲学――ロールズから健康の分配まで』勁草書房、2016年〕、*The Ethics of Health Care Rationing: An Introduction* (共著、Routledge, 2014)〔児玉聡監訳『誰の健康が優先されるのか――医療資源の倫理学』岩波書店、2017年〕ほか。

訳者略歴

石田京子（いしだきょうこ）

慶應義塾大学大学院文学研究科博士課程単位取得退学。現在、慶應義塾大学文学部助教。主な論文に「カント法哲学における立法と自由」(『哲學』第134号, 2015年)、「カントにおける外的対象の占有の正当化と自由について」(『哲學』第131号, 2013年）などがある。

米村幸太郎（よねむらこうたろう）

東京大学大学院法学政治学研究科博士課程単位取得退学。現在、横浜国立大学国際社会科学研究院准教授。主な論文に「2つのパターナリズムと中立性」(『法と哲学』第3号, 2017年)、「「功績 desert」概念と応報」(『法哲学年報』32-46, 2016年）などがある。

森悠一郎（もりゆういちろう）

東京大学法学部卒業。現在、立教大学法学部助教。主な論文に「関係の対等性と正義――平等主義的リベラリズムの再定位（1）～（4・完)」(『法学協会雑誌』133（8）～133（11), 2016年)、「高価な嗜好・社会主義・共同体――G. A. コーエンの運の平等主義の再検討」(『法と哲学』第2号, 2016年）などがある。

堀田義太郎（ほったよしたろう）

大阪大学大学院医学系研究科博士課程修了。現在、東京理科大学講師。主な論文に「何が差別を悪くするのか――不利益説の批判的検討」(『倫理学年報』第65号：279-292, 2016年)、「差別の規範理論――差別の悪の根拠に関する検討」(『社会と倫理』第29号：93-109, 2014年）などがある。

保田幸子（やすださちこ）
東京工業大学大学院社会理工学研究科博士課程修了。現在、明治学院大学社会学部付属研究所研究員。「十分性説における閾値——分配的正義論における平等主義への疑念」（『年報政治学 2014』（2）：253-270，2014 年）、「分配か社会関係か——アンダーソンの民主的平等」（『ソシオロゴス』第 36 号：37-52，2012 年）などがある。

人名索引

＊ア行

アーネソン Arneson, R. | 66, 70-1, 76, 82, 88-91, 94-5, 98, 110, 229

アッカーマン Ackerman, B. | 97

アレクサンダー Alexander, S. | 1

アロー Arrow, K. | 28

エイク Ake, C. | 190-1

＊カ行

カント Kant, I. | 11, 126

コーエン Cohen, G. A. | 66-7, 71, 75-6, 90, 95, 98, 131, 190

ゴーシエ Gauthier, D. | 161

＊サ行

セン Sen, A. | 60-2, 120-1

スキャンロン Scanlon, T. M. | 45, 201, 217

＊タ行

ドウォーキン Dworkin, R. | 39, 41-2, 55, 57, 65, 71, 75-6, 80, 87, 96, 107, 108, 131, 187-9

テムキン Temkin, L. | 131, 192, 199-200, 210

＊ナ行

ネーゲル Nagel, T. | 67, 71, 76, 100, 131-3, 135-6, 142-3, 155, 170-1, 174-5, 183-4, 186-7, 189, 218

ノーマン Norman, R. | 131, 189

ノージック Nozick, R. | 131, 134, 163, 165, 167, 186

＊ハ行

ハーヴィッツ Hurwicz, L. | 28

パーフィット Parfit, D. | 208, 210, 217

ハイエク Hayek, F. | 110

ファン・パリース Van Parijs, P. | 66, 71, 75-6, 88, 95, 97-8, 113

＊マ・ヤ行

マスグレイヴ Musgrave, R. A. | 1, 34

マルクス Marx, K. | 35

ミル Mill, J. S. | 22, 158, 213-5, 233

ヤング Young, I. | 114

＊ラ行

ラコウスキ Rakowski, E. | 71, 76, 81-7

ラファエル Raphael, D. | 188

ローマー Roemer, J. | 71, 75-6, 90, 110-1

ロールズ Rawls, J. | 39, 55, 60-2, 70, 134, 141, 150-2, 154-5, 158, 167, 172, 174

事項索引

＊た・な行

＊は行

＊ま行

＊や・ら行

平等主義基本論文集

2018年５月20日　第１版第１刷発行

編・監訳　広《ひろ》　瀬《せ》　　巌《いわお》

発行者　井　村　寿　人

発行所　株式会社　勁《けい》　草《そう》　書　房

112-0005　東京都文京区水道2-1-1　振替　00150-2-175253
電話（編集）03-3815-5277／FAX　03-3814-6968
電話（営業）03-3814-6861／FAX　03-3814-6854
港北出版印刷・松岳社

ISBN978-4-326-15453-1　　Printed in Japan